Volleyball
Teil 2
Vom Kleinfeldspiel zum Großfeldspiel

Michael Medler / Arnd Schuster

Volleyball
Teil 2
Vom Kleinfeldspiel zum Großfeldspiel

Flensburg 2001

5. Auflage

24944 Flensburg · Telefon (04 61) 3 43 44 · Telefax (04 61) 31 17 49
e-mail: medler@cm-sportbuch-verlag.de
www.cm-sportbuch-verlag.de

Zeichnungen: Michael Medler, Flensburg
Herstellung: Evert-Druck, Neumünster
ISBN 3-9800-188-5-7

INHALTSVERZEICHNIS

Einleitung

In der Fachliteratur herrscht seit Jahren Einigkeit darüber, daß eine Hinführung zum Volleyballspiel über nach didaktisch-methodischen Gesichtspunkten geordnete Kleinfeldspiele anzustreben ist (vgl. u.a. DÜRRWÄCHTER 1979, MEDLER 1977 und 1984). Der so konzipierte erste Band einer Hinführung zum Volleyballspiel (MEDLER 1984) schloß nach einer achtstufigen Spielreihe mit dem Kleinfeld-Volleyballspiel ab. Diese Könnensstufe ist Voraussetzung für den Spiellehrgang des vorliegenden zweiten Teiles. Ziel ist die Spielfähigkeit in einer Grundform des Großen Volleyballspiels.

Zunächst gilt es deutlich zu machen, daß globale Empfehlungen wie "Wenn ihr 3:3 beherrscht, probiert 6:6!" (FRÜHNER/RADDE/DÖRING 1982, 129) dem Anliegen der Vermittlung von Spielfähigkeit in keiner Weise gerecht werden. Zu groß ist der Unterschied zwischen Kleinfeld und Großfeld. Daher verfolgen wir auch weiterhin den Weg einer schrittweisen Hinführung über ein der jeweiligen aktuellen Spielfähigkeit entsprechendes Spiel- und Übungsangebot.

Ausgehend vom "Drei gegen drei" steht hierbei besonders das "Vier gegen vier" im Mittelpunkt, ein auch im Wettkampfprogramm des Deutschen Volleyball-Verbandes enthaltenes Spiel.

Dem praktischen Lehrgang sind didaktische Überlegungen vorangestellt, um so zu betonen, daß die Konstruktion eines praktikablen Unterrichtsmodells auf der Erörterung des didaktischen Zusammenhangs basiert und daß dabei konkrete organisatorische Bedingungen mitzubedenken sind. Die Grundlagen spielgemäßer Vermittlung sind jedoch im ersten Band (S. 9 - 34) so ausführlich dargestellt, daß wir auf eine Wiederholung verzichten wollen.

Nach wie vor großes Gewicht wird dem kognitiven Anteil eingeräumt. Spielregeln und taktisches Verhalten sind ausführlich und besonders anschaulich hervorgehoben. Ganzseitige

Arbeitskarten wurden sowohl für die technischen Elemente als auch für die Spielformen erstellt. Sie sollen helfen, den Lernenden mit Bewußtheit am Vermittlungsprozeß zu beteiligen. Wir fordern ausdrücklich dazu auf, die Arbeitskarten für den unterrichtlichen Gebrauch herauszufotokopieren.

Schließlich sei angemerkt, daß wir mißverstanden werden, wenn der im folgenden dargestellte Spiellehrgang als "Rezept" angewendet wird. Ziel unserer Ausführungen ist es, lediglich ein Konzept der Planung von Unterricht herauszustellen und ins Bewußtsein zu rufen. Entscheidungen des konkreten Unterrichts mit den je spezifischen Bedingungen werden dem Lehrer damit nicht abgenommen. Diese können immer nur in der jeweiligen Unterrichtssituation begründet getroffen werden (vgl. BRETTSCHNEIDER 1980, 92, und 1981, 16).

Vom Kleinfeldspiel zum Großfeldspiel

Die Aufgabe der Vermittlung von Sportspielen besteht darin, den Lehrweg so zu gestalten, daß zwischen Spielbedingungen und Spielfähigkeit eine jeweils aktuelle Beziehung besteht.

Vorausgesetzte Basis unseres Lehrvorschlages sind die Spielbedingungen des Kleinfeld-Volleyballspiels "Drei gegen drei" und die Spielfähigkeit in diesem Spiel. Ziel ist das Große Volleyballspiel "Sechs gegen sechs". Nur bei oberflächlicher Betrachtung unterscheidet sich das Große Spiel lediglich dadurch, daß mehr Spieler auf dem Feld stehen und jedem einzelnen ein größerer Aktionsraum zugewiesen ist. Bei näherer Betrachtung wird deutlich, daß die Änderungen innerhalb der Spielbedingungen mit einem ganzen Bündel gesteigerter Spielanforderungen verbunden sind.

Das Kleinfeld-Volleyballspiel "Drei gegen drei" hat eine sehr einfache Grundstruktur. Es ist ein (fast) undifferenziertes Mannschaftsspiel mit der vor allem defensiven Taktik, ein Zu-Boden-Fallen des Balles zu verhindern. Das technische Repertoire umfaßt Pritschen, Baggern und Aufgabe von unten. Der Kleinfeld-Volleyballspieler ist in erster Linie Aufgabe- und Annahmespieler; Angriffstechniken sind noch nicht entwickelt.

Im Gegensatz dazu zeichnet sich das "Sechs gegen sechs" auf dem Großfeld durch ein differenziertes Spielsystem aus, in dem das mannschaftliche Verhalten und die Aufgaben des einzelnen Spielers genau festgelegt sind. Im Mittelpunkt steht eine vorwiegend offensive Taktik mit dem Ziel, den Ball im gegnerischen Feld auf den Boden zu spielen. Jede Abwehr/Annahmehandlung ist nicht mehr nur darauf ausgerichtet, das Zu-Boden-Fallen des Balles zu verhindern, sondern vor allem darauf, einen neuen Angriffsaufbau einzuleiten; und jeder gelungene Spielzug schließt mit einem Angriff ab. Der Großfeld-Volleyballspieler ist Aufgabe-, Annahme- und Stellspieler, Angreifer, Abwehr-, Block- und Sicherungsspieler.

Das Große Spiel verlangt daher eine Reihe von Qualifikationen im konditionellen, technomotorischen und taktischen Bereich, die erfahrungsgemäß beim Anfänger und auch fortgeschrittenen Anfänger zu wenig entwickelt und über das Große Spiel auch nicht im gewünschten Maße entwickelbar sind.

Im konditionellen Bereich betrifft das vor allem die Voraussetzungen an Kraft für die langen Ball- und Zuspielwege sowie die für die Annahme- und Abwehrsituationen notwendige Reaktionsschnelligkeit und Beweglichkeit. Im technischen Bereich sind die Grundfertigkeiten noch zu wenig gefestigt, so daß die Spieler die an sie gestellten Anforderungen hinsichtlich Feinabstimmung, Antizipation und Timing noch nicht erfüllen können. Der größte Teil der Techniken des Großen Spiels ist darüber hinaus noch gar nicht entwickelt. Eine Überlagerung der ohnehin gesteigerten Anforderungen mit Lernprozessen für eine ganze Reihe neuer Techniken läßt die Ausbildung zur Oberflächlichkeit und Überforderung geraten.

Von ganz besonderer Bedeutung sind die bis dahin wenig entwickelten Qualifikationen im taktischen Bereich. Während das Kleinfeld-Volleyballspiel nur Vorder- und Hinterspieler unterscheidet, spielen wir auf großem Feld mit einem mannschaftstaktischen Konzept und einem Spielsystem, das den Spielern positionsgebundene Aufgaben und Rollen zuweist und dessen Funktionieren besonderer Verständigungsstrategien bedarf.

Diese Gegenüberstellung von Kleinfeld- und Großfeldspiel macht deutlich: Wer "Drei gegen drei" spielt, ist noch lange nicht qualifiziert, "Sechs gegen sechs" zu spielen, und es wäre irrig anzunehmen, der Weg vom Kleinfeld zum Großfeld könnte in einem Schritt vollzogen werden. Notwendig ist vielmehr ein Vermittlungsverfahren, das bei der aktuellen Spielfähigkeit ansetzt und über eine Reihe von in den vielfältigen Anforderungen gesteigerten Stufen zum Großen Spiel voranschreitet.

Zum Vermittlungsverfahren

Aus didaktisch-methodischen Gründen entscheiden wir uns nach wie vor für ein spielgemäßes Konzept, dessen Weg mit einer Spielreihe und ergänzenden Übungsreihen beschritten werden soll. Daran ändert auch die in jüngerer Zeit geäußerte Kritik an der Spielreihe nichts (vgl. DIETRICH 1984, 19 ff., und 1985, 17 ff.). Für die spezielle Spielfähigkeit, die hier bezüglich des Volleyballspiels angestrebt wird, bleibt die Spielreihe das praktikable Unterrichtsmodell für den Schulsport (vgl. hierzu auch die Ausführungen in Teil 1, 15 ff.). Die Konstruktion von Spielformen zunehmender Komplexität und Schwierigkeit erlaubt, die Zielanforderungen so aufzufächern, daß die Spielfähigkeit des Großen Spiels schrittweise erschlossen wird.

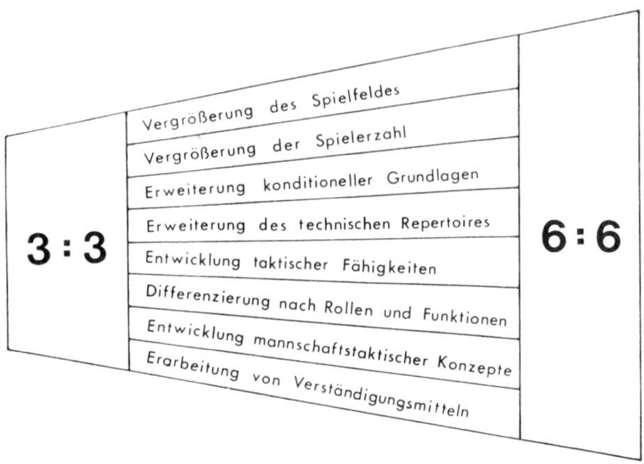

Das bedeutet im einzelnen:

● Vergrößerung des Spielfeldes

Wir orientieren uns dabei eng an den räumlichen Gegebenheiten der Normalsporthalle, aber auch an Maßen des Jugend-Wettkampf-Volleyballspiels, so daß derjenige Schüler, der auch im Verein spielt oder bald spielen möchte, hier Identisches findet. So gelangen wir von der Spielfläche 9 × 6m zu 12 × 8m, ggf. zu 12(14) × 9m und schließlich zum Großfeld 18 × 9m, wobei anfänglich auch noch hier eine Verkürzung aus räumlichen und methodischen Gründen nicht schadet. Insgesamt bevorzugen wir eher breite als tiefe Spielfelder (vgl. DRAACK/DÜRRWÄCHTER 1984, 21; DÜRRWÄCHTER 1984, 63; 1985, 49; SONNENBICHLER 1984, 65; WESTPHAL 1984, 61).

- Vergrößerung der Spielerzahl

Mit steigender Spielfeldgröße wächst die Spielerzahl von drei über vier und fünf auf sechs Spieler pro Mannschaft. Dabei ist aus unserer Sicht eine Schwerpunktlegung auf das Spiel "Vier gegen vier" für das Ziel "Spiel auf dem Großfeld" von Bedeutung. Bei entsprechender Strukturierung bietet das "Vier gegen vier" eine Reihe von Handlungsmöglichkeiten, die denen des Großen Spiels schon sehr ähnlich sind. Nicht zuletzt liegt hierin auch die Begründung dafür, daß der Deutsche Volleyball-Verband es als Turnierspiel für seinen Nachwuchs gewählt hat.

- Erweiterung konditioneller Grundlagen

Bewegungsfertigkeiten und ihre Anwendung im Spiel erfordern bestimmte Grundwerte an konditionellen Voraussetzungen, und jede Spielfeldvergrößerung ist mit einer Steigerung der Anforderungen verbunden. Größere Lauf- und Zuspielwege sowie die gesteigerten Erfordernisse an Reaktionsschnelligkeit und Beweglichkeit bei Ballannahme und -abwehr berühren den konditionellen Bereich ebenso wie die Vielzahl von Sprungaktionen bei fortgeschrittener technischer Ausbildung. Im Rahmen der Gewöhnung an die Bedingungen des jeweils erweiterten Spielfeldes durch entsprechende Übungsformen und durch Hinzuziehung von Zusatzaufgaben wird den konditionellen Erfordernissen Rechnung getragen.

- Erweiterung des technischen und Entwicklung des individual-taktischen Repertoires

"Die Breite der zu beherrschenden, verschiedenartigen technischen Spielelemente wird über die Ansprüche des vorliegenden Spielniveaus und der Taktik determiniert" (HEINRICH

1980a, 418). So gehen die Anforderungen, die ein größeres Spielfeld, die steigende Spielerzahl und die Verwendung neuer Techniken stellen, zwingend ineinander über. Demzufolge wird das Spiel "Drei gegen drei mit Zweierriegel" in den Netzaktionen durch das Pritschen rückwärts als Zuspielvariante und den Sprungpaß als Angriffsvariante schon mehr zum "Angriffsspiel"; die Aufgabe von oben unterstützt diese Charakterisierung.

Das "Vier gegen vier" wird durch Angriffsschlag sowie Einerblock und Abwehrbagger erweitert, wodurch zugleich die Aufrechterhaltung der Spielsymmetrie gegeben ist. Auch der Doppelblock kann in diesem Spiel, aus räumlichen Gründen und in Anbetracht der Spielerzahl jedoch ebenso erst beim "Fünf gegen fünf" eingeführt werden; das gilt entsprechend für die Angriffsfinte.

Alle Techniken sind im Volleyballspiel unmittelbar von individual-taktischen Entscheidungen beeinflußt. So hat beispielsweise ein Angreifer unter Einbeziehung der Qualität des ihm zugespielten Balles und der gegnerischen Abwehr zu wählen, ob er einen harten Angriffsschlag, einen zielgenauen Sprungpaß oder eine Angriffsfinte ausführt. In diesen Entscheidungssituationen sind die koordinativen Fähigkeiten des Einzelspielers wiederum besonders gefordert, vor allem, wenn sich nicht von vornherein einplanbare, d.h. untypische Spielsituationen ergeben.

● Differenzierung nach Rollen und Funktionen

Während das Kleinfeld-Volleyballspiel "Drei gegen drei" als undifferenziertes Mannschaftsspiel noch keine gezielte Aufgabenteilung aufweist, zeichnet sich das Große Spiel durch positionsgebundene Rollen und Funktionen aus, in die die Spieler Schritt für Schritt hineinwachsen müssen. Das bedeutet u.a. eine Unterscheidung in Vorder- und Hinterspieler, wobei diese Terminologie allerdings erst im Spiel "Vier gegen vier" dem Regelwerk (Verbot des Angreifens über Netzhöhe für den Hinterspieler) entspricht. Das bedeutet auf fortgeschrittenem Entwicklungsstand, Annahmespieler in einer Riegelposition oder Stellspieler, Angreifer oder Blockspieler zu sein und sich in jeder dieser Funktionen der jeweiligen individual-taktischen Mittel zu bedienen. Grundsatz bleibt jedoch, daß jeder Spieler den Anforderungen jeder Spielaufgabe auf jeder Spielposition gewachsen sein muß, so daß seine Handlungsfähigkeit der eines "Universalisten" (PAPAGEORGIOU/SPITZLEY 1984) entspricht.

● Entwicklung mannschaftstaktischer Konzepte

Der Einzelspieler ist gerade im Volleyballspiel immer nur Glied der allmählich wachsenden Kette des Mannschaftsgefüges, und gerade die Konzeption der Mannschaftstaktik bedarf einer schrittweisen Entwicklung. Diese spiegelt sich u.a. in der durchgängigen Netz-Mitte-Position des Stellspielers wider, ebenso wie in der allmählichen Riegelerweiterung (Zweier-, Dreier-, Viererriegel bis zum Fünferriegel im Großfeldspiel). Dies berührt auch die unterschiedlichen Formierungen der Sicherungshalbkreise bei Angriff und Block.

Da gerade Veränderungen auf der taktischen Leistungsebene immer auch qualitativ-quantitative Veränderungen auf den anderen Leistungsebenen bedingen, sind die Anforderungen gerade so anzusetzen, daß sie für ein schrittweises Hineinwachsen in die Anforderungen des Großfeldspiels geeignet sind (vgl. HEINRICH 1980b, 161).

● Erarbeitung von Verständigungsmitteln

Der Handlungsablauf des Volleyballspiels erfordert die Kooperation aller Beteiligten. Eine Fülle von nicht eindeutigen Spielsituationen (Beispiel: Der Ball trifft die Grenze des Aktionsraumes zweier Spieler) und dadurch nicht eindeutige Aufgabenzuschreibungen machen Verständigungsmittel unabdingbar. Dazu gehören auf jeder Leistungsebene auf jeden Fall der Zuruf, der das Handeln des Rufenden signalisiert, und sicherlich auch quasi-sprachliche Aktionen (Gestik, Körperhaltung usw.). Hinzu kommt mit steigendem Niveau die Schulung des peripheren Sehens (distributive Aufmerksamkeit), das den Spieler über situative Veränderungen auf eigener und gegnerischer Spielfeldhälfte informiert.

Die Vermittlung dieser Fülle von Aufgaben ist allein durch Spiel nicht möglich. Spielgemäße Konzepte betonen die Notwendigkeit einer Verbindung von Spiel und Üben. Nach wie vor findet deshalb auch bei diesem Lehrvorschlag die Spielreihe ihre Ergänzung in Übungsreihen und -prozessen. Veröffentlichungen wie "Volleyball spielen können und üben müssen" (SCHMIDT 1985, 47), die Fragestellungen "Spielen wollen, aber üben müssen?" (BREUER 1983, 174) oder gar "Trainieren im Sportspielunterricht?" (BRETTSCHNEIDER 1983, 166) unterstreichen gerade am Beispiel des Volleyballspiels die Notwendigkeit, bei der Vermittlung des Spiels Handlungsformen des Übens und selbst des Trainierens zum festen Bestandteil des Unterrichts werden zu lassen. "Die Gestaltung des Sportspielunterrichts läßt sich ... nicht einseitig an spielerischen Vermittlungsformen ausrichten. Spielen kann Üben nicht ersetzen, es bedarf prinzipiell der Ergänzung durch Üben, soll aus kurzfristigen Aktivitäten eine lebenslange Einstellung erwachsen"(BREUER 1983, 175).

Üben -auch als stures Wiederholen- ist immer dann interessant, wenn es als "spannender Prozeß des Erwerbens, Erhaltens oder Verbesserns eines Könnens"(EHNI 1985, 16), das dem Spiel zugute kommt, erfahren wird. Das Üben erhält so seinen Sinn als Teilhandlung des Spiels. Anzustreben sind deshalb Übungsformen, die von ihrer Rahmengebung (Spielfeld, Netz, Mannschaftsformation usw.) und Aufgabenstellung (Angriffsschlag auf ein Ziel u.ä.) aus sich selbst heraus dem Schüler ein Können signalisieren und so einen dem Spiel dienenden Motivationsschub ermöglichen.

Eine solche Übungsgestaltung orientiert sich -in Anlehnung an FRÜHNER (1985, 56)- unter anderem an folgenden Grundsätzen:

- Die Übungsform entspricht einer (vereinfachten) Spielsituation, die es aus technisch-taktischer Sicht zu lösen gilt.

Beispiel: Annahme der Aufgabe, Zuspiel mit Richtungsänderung zum Stellspieler.

- In der gewählten Situation nehmen die Spieler spielgerechte Positionen auf dem Feld ein.

Beispiel: Die Annahme erfolgt auf einer Außenposition des Riegels, das Zuspiel zur Mittelposition am Netz.

- Die Hauptaufgabe wird in vorausgehende und/oder nachfolgende Handlungen eingeordnet.

Beispiel: Nach Annahme und Zuspiel läuft der Riegelspieler zum Angriff an/nimmt der Riegelspieler seine Sicherungsposition ein; der Stellspieler entscheidet über Richtung und Art seines Herausstellens.

- Der Übungsablauf -besonders hinsichtlich der Hauptaufgabe- entspricht der Dynamik und Schnelligkeit des Spiels.

Beispiel: Alle Bewegungen in der vorgenannten Übungsform zum, mit und auch ohne (!) Ball entsprechen dem tatsächlichen Spielrhythmus.

- Unter den Spielern erfolgt eine Abstimmung (Verständigung) im Sinne mannschaftlicher Kooperation.

Beispiel: Die Entscheidungsleistungen, die von jedem Spieler im Rahmen eines organisierten Mannschaftsverhaltens gefordert sind, werden nach grundsätzlicher Erörterung durch Positions- und Zielmarkierungen sowie z.B. durch Zuruf erleichtert.

- Wenn es die Spielsituation zuläßt, enthält die Übungsform passive/aktive Gegenspieler.

Beispiel: In unserer exemplarischen Übungsform greift der Gegner mittels der Aufgabe in den Ablauf ein.

- Nicht mechanisches, sondern variables Üben läßt ein umfangreiches und anpassungsfähiges Handlungsrepertoire entstehen.

Beispiel: Der Gegner variiert seine Aufgabeart, auf die sich der Riegelspieler einstellen muß.

- Das Handlungsergebnis muß für jeden Spieler kontrollierbar sein, so daß er selbst die technisch-taktische Qualität seiner Aktion beurteilen kann.

Beispiel: Der Stellspieler steht auf einer Zielmarkierung. Erreicht ihn das Zuspiel des Riegelspielers zielgenau?

So gestaltete Übungsformen, die Teilmodelle des Spiels darstellen, "orientieren sich eng an den motorischen und geistigen Anforderungen, die im Spiel auftreten" (FRÜHNER 1985, 9). Spielhandlungen mit dem dem Volleyball eigenen ständigen Zeitdruck schaffen bei durchgängigen Konzentrations- und Entscheidungsleistungen die notwendigen Voraussetzungen für eine erfolgreiche Anwendung im Spiel. Im nachfolgenden Spiellehrgang veranschaulicht die umfangreiche Darstellung einzelner Übungsbereiche diese Zielsezungen. Die jeweils vorangestellte ausführliche Analyse der Spielanforderungen ist für die Strukturierung des Übungsprozesses wegweisend und hilfreich.

Der Spiellehrgang

Voraussetzungen/Ausgangssituation

Der Spiellehrgang verfolgt das Ziel, den im 1. Teil (MEDLER 1984) begonnenen und zunächst mit dem Kleinfeldvolleyball abgeschlossenen Lehrgang fortzusetzen. Das dort erreichte Niveau gilt als Voraussetzung. Das sind im spielerischen Bereich das Kleinfeldvolleyballspiel "Drei gegen drei" und im technischen Bereich die Grundfertigkeiten frontales Pritschen, Richtungspritschen, Baggern und die Aufgabe von unten. Das mannschaftstaktische Konzept des Kleinfeldvolleyballspiels kennt noch keine positionsgebundene Differenzierung. Die Aufstellung mit zwei Vorder- und einem Hinterspieler verfolgt lediglich das Ziel, das Spielfeld gegen die "Angriffe" des Gegners flächendeckend abzusichern.

Aufbau des praktischen Teils

Die folgende Übersicht gibt eine Gesamtdarstellung des Spiellehrgangs. Wir beschränken uns auf die Spielreihe und eine Zuordnung der technischen Elemente.

Spielreihe	Technische Fertigkeiten
 Ausgangsspiel: Kleinfeldvolleyball "Drei gegen drei"	Pritschen Richtungspritschen Baggern Aufgabe von unten

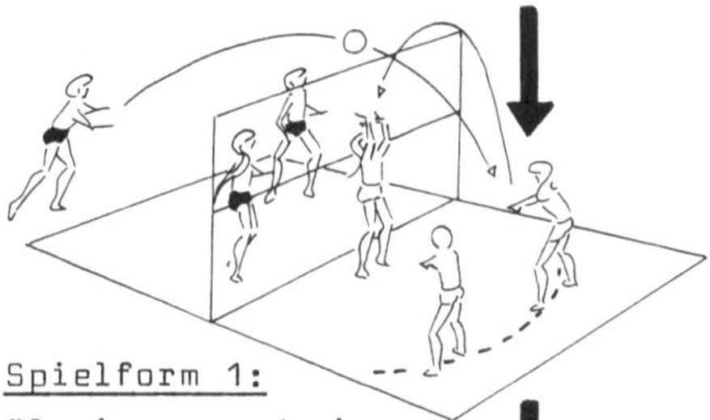

Spielform 1:
"Drei gegen drei
mit Zweierriegel"

Pritschen rückwärts
Pritschen im Sprung

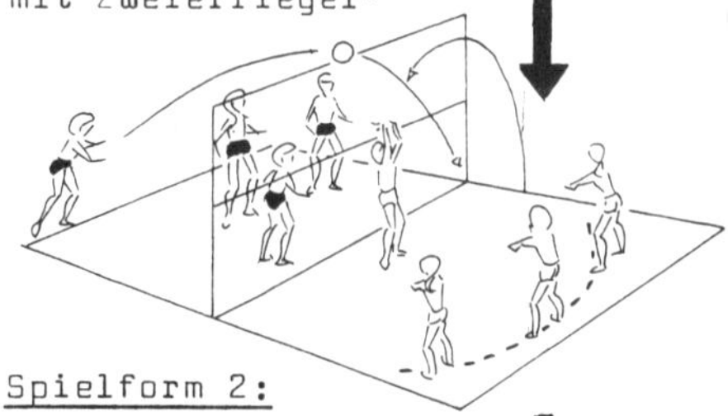

Spielform 2:
"Vier gegen vier
mit Dreierriegel"

Aufgabe frontal von oben
Abwehrbagger
Angriffsschlag
Einerblock

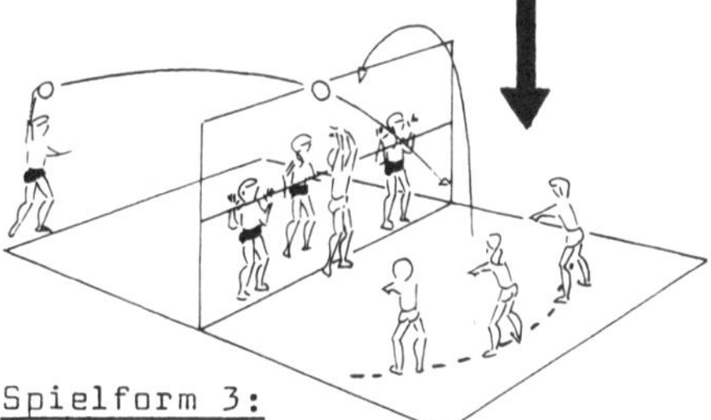

Spielform 3:
"Vier gegen vier
mit erweitertem
technischen Repertoire"

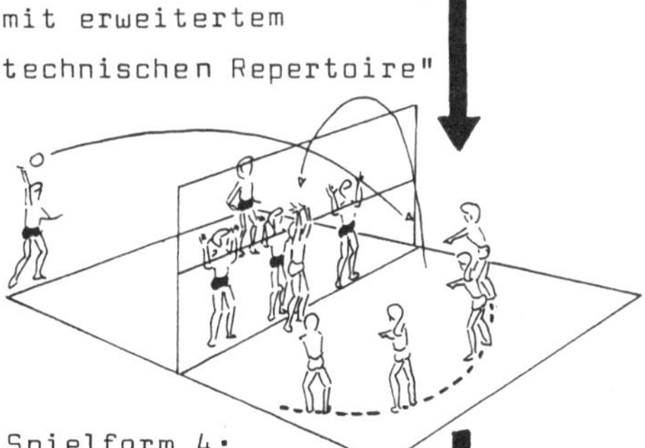

Zweierblock
Angriffsfinte

Spielform 4:
"Fünf gegen fünf
mit Viererriegel"

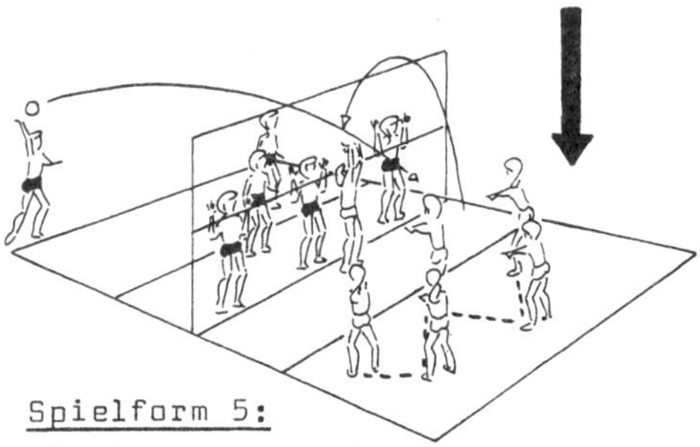

Spielform 5:
"Sechs gegen sechs mit Fünferriegel"
- Zielspiel -

Die Bedeutung der hier hervorgehobenen Stufen des Spiellehrganges wird in der Darstellung dadurch unterstrichen, daß sowohl für die Spielformen als auch für die technischen Elemente Arbeitskarten angeboten werden, die als Unterrichtsmaterialien für die Hand des Schülers vorbereitend, begleitend und/oder nachbereitend (vgl. SCHUSTER 1978) eingesetzt werden können. Schwerpunktmäßig kognitive Teile sind - wie schon im 1. Teil (MEDLER 1984) - besonders kenntlich gemacht, taktisches Wissen mit einem Kopf, dem "Denker", und Regelkenntnisse mit einem "Schiedsrichter".

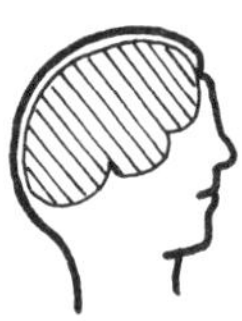

"Denker"

"Schiedsrichter"

Ergänzend zu den Spielformen und technischen Fertigkeiten enthält der Spiellehrgang eine Vielzahl von Übungsformen. Wir haben uns dabei auf das beschränkt, was in den jeweiligen organisatorischen Rahmen paßt. Zum Spiel "Drei gegen drei" sind das Übungsformen in Dreiergruppen (z.B. im Mannschaftsverband) bzw. Komplexübungen von zwei Mannschaften miteinander. Zum Spiel "Vier gegen vier" haben wir besonders Aufgabenstellungen in Vierergruppen und auch hier wieder Komplexübungen zweier Mannschaften miteinander hervorgehoben.

Das Spiel "Fünf gegen fünf" hat in unserem Lehrvorschlag nur eine nebengeordnete Bedeutung. Wir verzichten deshalb auf eine Darstellung des zugehörigen Übungskomplexes. Oftmals sind organisatorische Gründe (z.B. Klassen- oder Gruppenstärke) dafür verantwortlich, daß nicht "Sechs gegen sechs" sondern "Fünf gegen fünf" gespielt wird. Da dieses Spiel besondere mannschaftstaktische Anforderungen stellt, es andererseits als Zwischenschritt auf dem Wege vom "Vier gegen vier" zum "Sechs gegen sechs" verstanden werden kann, haben wir die Beschreibung der Spielanforderungen schwerpunktmäßig herausgestellt. Für einen zugehörigen Übungskomplex sind im Zusammenhang mit dem "Vier gegen vier" genügend Anregungen gegeben worden.

Auch das Zielspiel des Lehrvorschlages, das "Sechs gegen sechs", haben wir nur in seinen Anforderungen ausführlich beschrieben. Wer mehr wissen will, wird in der umfangreichen Literatur eine Vielzahl von Anregungen finden (siehe Literaturverzeichnis).

Organisation der Spiele

Ein spielgemäßes Konzept bedarf nicht nur eines ausgeklügelten Systems von Spielen, sondern auch der Überlegung, wie man eine ganze Klasse möglichst gleichzeitig zum Spielen bekommt. Dabei ist davon auszugehen, daß im Regelfalle eine Normalsporthalle zur Verfügung steht. Eine angemessene Zahl von Spielfeldern wird nur dann erreicht, wenn die Netze in Längsrichtung der Halle verspannt werden. Für die von uns vorgegebenen Spielfeldbreiten von 6m für das "Drei gegen drei" und 8m für das "Vier gegen vier" können so mühelos vier bzw. drei Spielfelder nebeneinander eingerichtet werden. Ideal wäre es, wenn jedes Spielfeld ein auf seine Breite zugeschnittenes Netz bekäme. Kleinfeldnetze werden vom Handel angeboten.

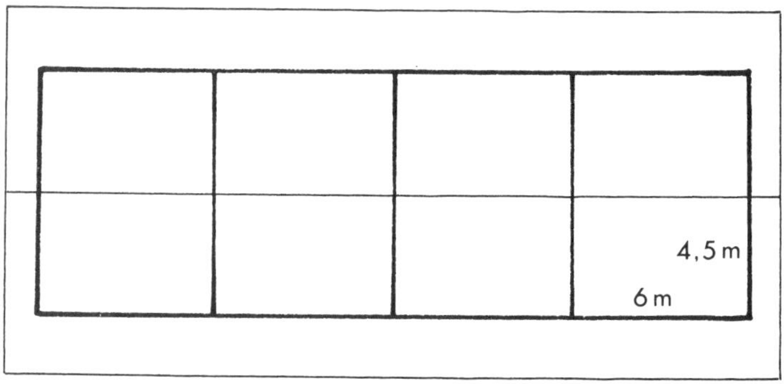

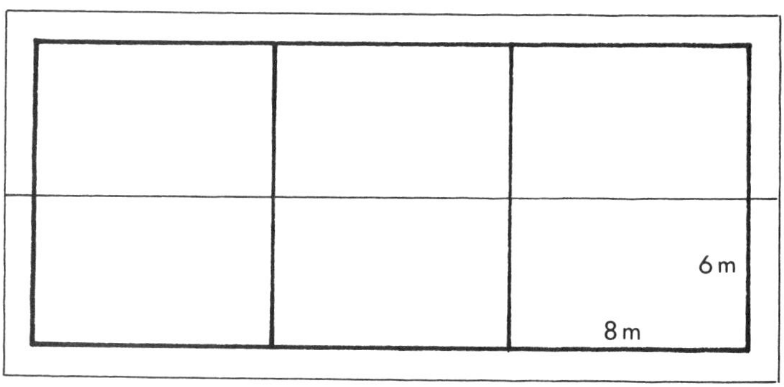

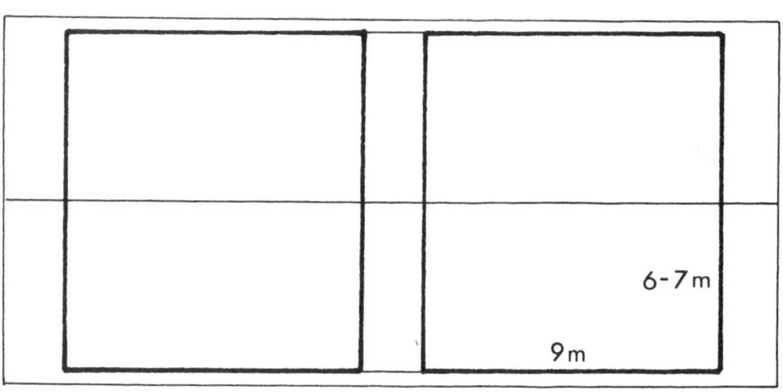

Übungsformen zur Verbesserung der Grundfertigkeiten Pritschen und Baggern

Wesentlicher Teil des Aufwärmprogramms jeder Stunde ist die Phase des Einspielens. Im Mittelpunkt stehen Pritschen und Baggern, die in Standardformen (meistens Zweiergruppen), aber auch in durchaus variablen Aufgabenstellungen angeboten werden können. Sie stellen nicht nur die koordinativen Voraussetzungen für den Hauptteil der Stunden bereit, sondern sichern mit der Verbesserung des Ballgefühls auch die Weiterentwicklung des technischen Könnens.

Von organisatorischem Interesse im Zusammenhang mit dem Spiel in Dreiermannschaften ist das <u>Üben in Dreiergruppen</u>. Unter Beibehaltung der organisatorischen Einheit sind sehr variable Aufgabenstellungen möglich, die differenziert dem jeweiligen Könnensstand angepaßt werden können. Eine Anzahl wichtiger Übungsformen, die den Spiellehrgang im oben genannten Sinne begleiten, sollen vorangestellt werden.

Als äußeren Rahmen schlagen wir für alle Formen das Üben in den Ausmaßen des Spielfeldes vor. Die damit verbundene Orientierung ist eine wesentliche Voraussetzung spielgemäßen Übens.

Pritschen mit und ohne Doppelspiel über das Netz

- fester Zuspieler

Zuspiel senkrecht oder
parallel zum Netz
- fester Zuspieler

Pritschen oder Baggern
zum Netz und Laufweg
nach hinten oder
zur Seite

Pritschen oder Baggern mit Doppelspiel
über das Netz mit
Nachlaufen

Zuspiel senkrecht oder parallel zum Netz mit Nachlaufen

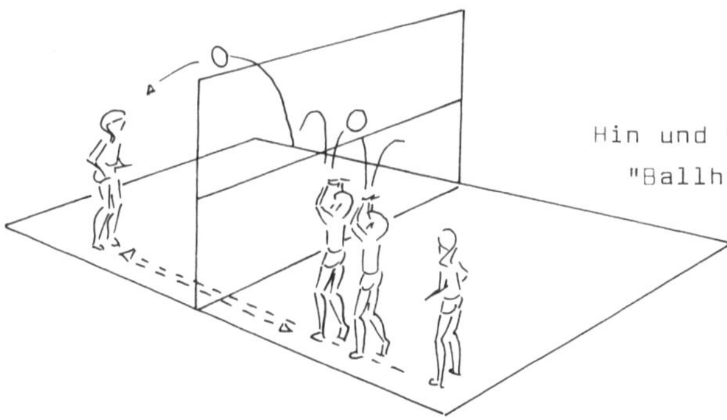

Hin und her mit "Ballhochhalten"

Kurzes und langes Zuspiel senkrecht oder parallel zum Netz

- fester Zuspieler

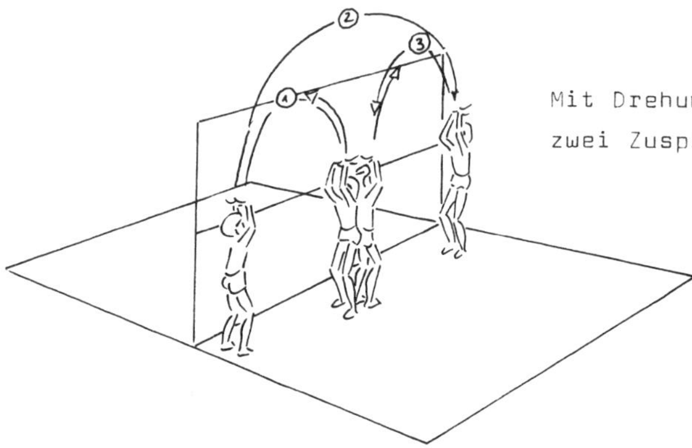

Mit Drehung zwischen zwei Zuspielern

Hin und her über eine feste "Ecke" ("Ecke" spielt doppelt)

Direktes Hin-und-her über eine feste "Ecke"

Spiel im Dreieck:
- nur Pritschen
- Feldposition baggert

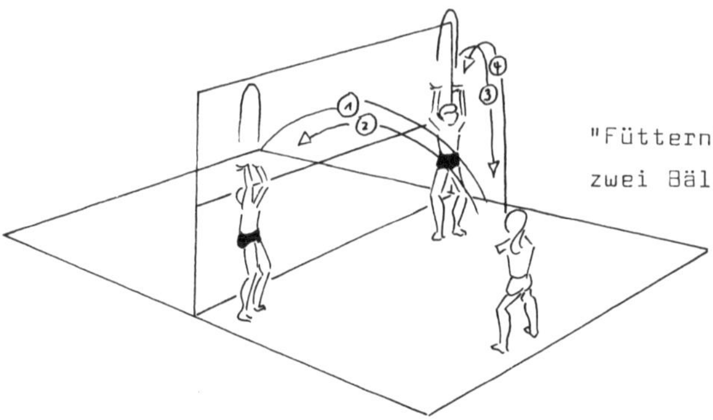

"Füttern" mit
zwei Bällen

Baggern mit Richtungs-
änderung

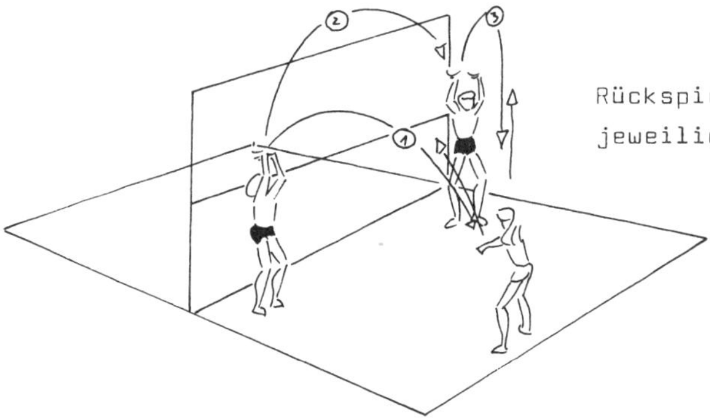

Rückspiel auf den jeweiligen Zuspieler

"Füttern" des Stell-
spielers mit zwei
Bällen

Rückspiel mit Seit-
bewegung zwischen
zwei Zuspielern
(zwei Bälle)

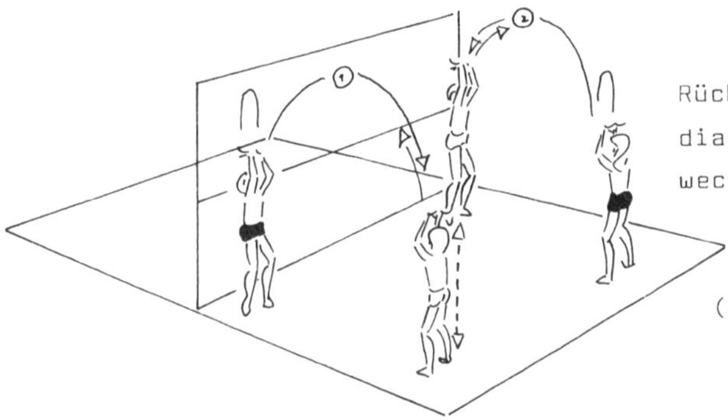

Rückspiel mit diagonalem Platzwechsel zwischen zwei Zuspielern (2 Bälle)

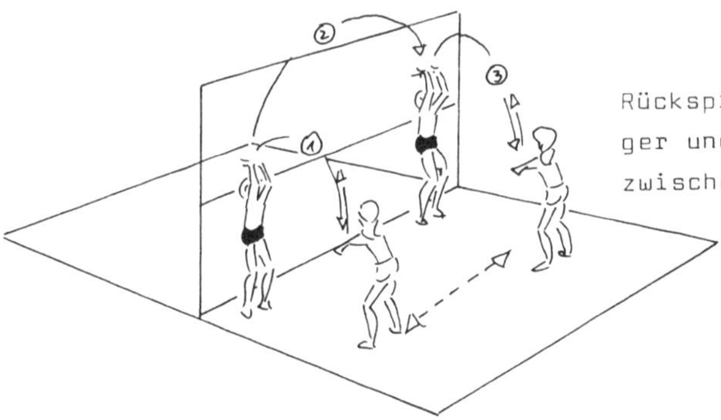

Rückspiel mit Bagger und Seitbewegung zwischen zwei Zuspielern (1 Ball)

Orientierung auf kurze Bälle zwischen zwei Zuspielern - Rückspiel mit Bagger

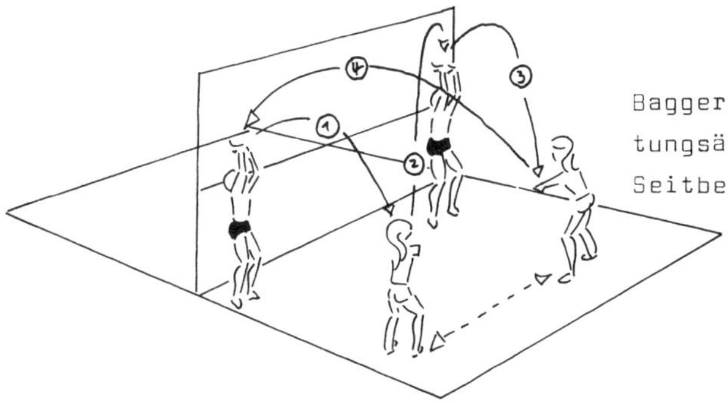

Baggern mit Richtungsänderung und Seitbewegung zwischen zwei Zuspielern

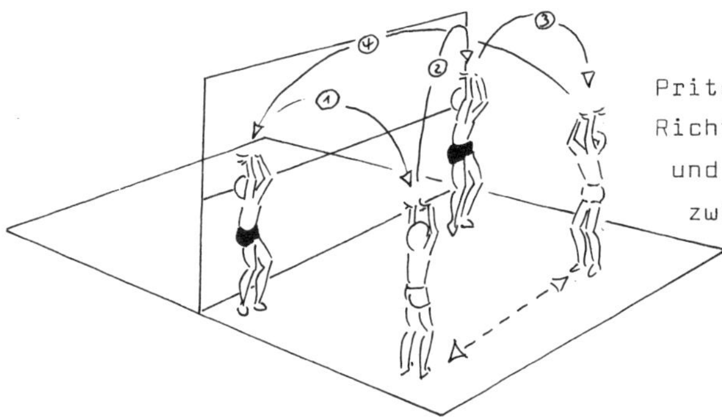

Pritschen mit Richtungsänderung und Seitbewegung zwischen zwei Zuspielern

Spielform 1: "Drei gegen drei mit Zweierriegel"

Spielfeldgröße: 6×9m

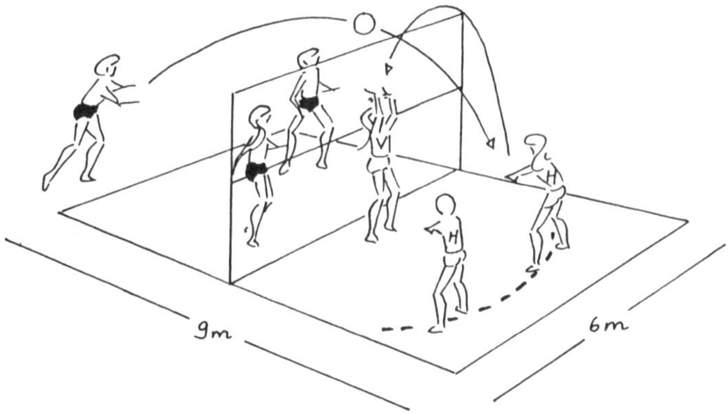

Zielvorstellung

Während die drei Spieler einer Mannschaft bisher gleichmäßig verteilt das Spielfeld abdeckten und unabhängig von ihrer Position annähernd gleiche Aufgaben zu erfüllen hatten, zielt die Einführung des Zweierriegels auf eine erste Differenzierung im mannschaftstaktischen Konzept. Je nach Position im Spielfeld sind unterschiedliche Aufgaben zu erfüllen.

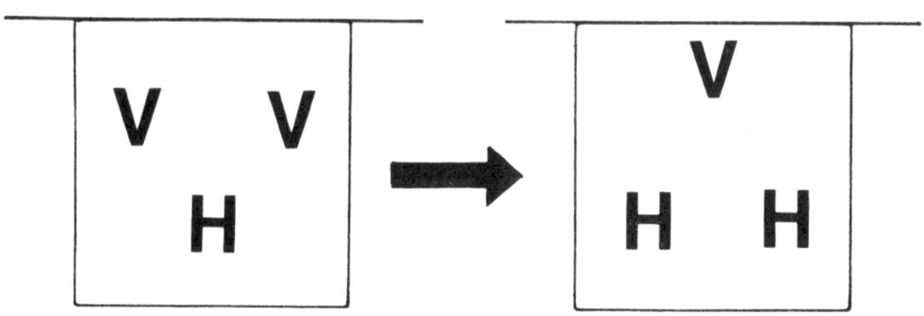

Während bisher mit zwei Vorder- (V) und einem Hinterspieler (H) gespielt wurde, wird das Feld jetzt umgekehrt mit zwei Hinterspielern und einem Vorderspieler abgedeckt. Die beiden Hinterspieler bilden den Zweierriegel gegen die Aufgabe und den "Angriff" des Gegners. Der Vorderspieler ist Anspielzentrum. Seine Aufgabe ist die des Stellspielers, d.h. Pässe zum "Angriff" parallel zum Netz herauszuspielen. Ein eher breites als tiefes Spielfeld begünstigt den Spielaufbau und die Häufigkeit der Spielhandlungen (vgl. WESTPHAL 1984, 61).

Spielregeln

Nur die aufgebende Mannschaft kann Punkte, die annehmende Mannschaft dagegen lediglich das Aufgaberecht gewinnen. In letzterem Falle wechseln die Spieler der Mannschaft ihre Position im Uhrzeigersinn. Der jeweils rechte Hinterspieler führt die Aufgabe aus.

Die Aufgabe muß mit Bagger angenommen werden. Der Ball muß von einer Mannschaft mindestens zweimal (damit wird das direkte Hin-und-Her verboten), höchstens aber dreimal gespielt werden, von keinem Spieler jedoch zweimal nacheinander.

Fehler sind:

Netzberührung ("Netz!")
- durch den Ball bei der Aufgabe
- durch einen Spieler

Ball berührt den Boden außerhalb des Spielfeldes ("Aus!")

Ball berührt den Boden innerhalb des Spielfeldes ("Im Feld!")

gehaltener Ball (fehlerhafte Ausführung beim Pritschen oder Baggern) ("Geführt!")

Eindringen in die gegnerische Spielfeldhälfte ("Übertritt!")

vier Ballberührungen innerhalb einer Mannschaft ("Viermal!")

gleichzeitiger Fehler beider Mannschaften (Aufgabe wird wiederholt) ("Doppelfehler!")

Verstoß gegen die Sonderregeln:
-Annahme mit Pritschen ("Baggern!")
-direktes Zurückspielen der Aufgabe ("Mindestens zweimal!")

Taktische Grundregeln

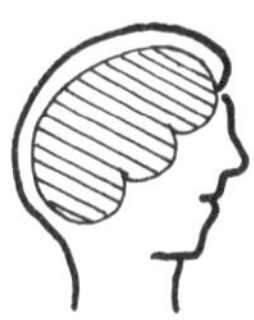

Der Schwerpunkt taktischer Grundregeln liegt auf dem (neuen) mannschaftstaktischen Konzept, der Ballannahme im Zweierriegel mit Zuspiel des ersten Passes zum Stellspieler.

Für die beiden Hinterspieler, die den Riegel bilden, sind folgende Handlungsanweisungen von Bedeutung:

- Stellt euch so auf, daß ihr jeden Teil des Spielfeldes reaktionsschnell erreichen könnt!
- Beobachtet aufmerksam den Flug des Balles!
- Stimmt euch im Zweifelsfalle durch Zuruf ab: "Meiner!"/"Ich!"

- Aber: Wer reagiert, muß handeln!
- Spielt den Ball hoch zum Stellspieler!
- Spielt nicht zu nah ans Netz!

Für den Stellspieler gilt:

- Nimm deine Stellung am Netz etwa in Netzmitte ein!
- Jeder zweite Ball ist deiner!
- Versuche, jeden Ball mit Pritschen zu erreichen!
- Spiele hoch und parallel zum Netz, aber nicht zu nah ans Netz!

Analyse der Spielanforderungen

Das mannschaftstaktische Konzept mit einer positionsgebundenen Differenzierung in Riegel- und Stellspieler stellt bei nicht geänderten äußeren Spielbedingungen (Netzhöhe, Feldgröße) besondere Anforderungen an die technischen Grundfertigkeiten und die taktischen Fähigkeiten. Aufschluß über die Einzelanforderungen erhalten wir durch eine Analyse des komplexen Spielgeschehens. Sie ist Voraussetzung für eine zielgerichtete Planung von spielunterstützenden Übungsformen.

1. Annahme der Aufgabe

Die Annahme im Zweierriegel bedeutet, daß der einzelne Spieler einen größeren Raum abzudecken hat. Besondere Anforderung ist das genaue Zuspiel zum Stellspieler. Je nach Plazierung der Aufgabe sind im wesentlichen drei Situationen zu unterscheiden:

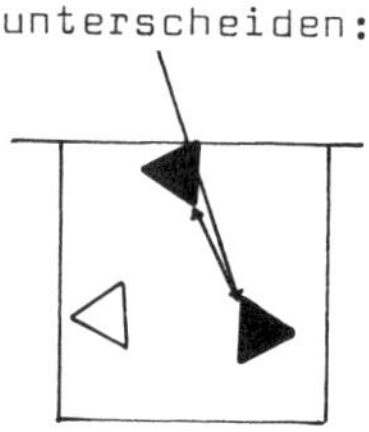

- Annahme der Aufgabe vom rechten Riegelspieler mit relativ direktem Rückspiel auf den Stellspieler

- Annahme der Aufgabe vom linken Riegelspieler mit Zuspiel zum Stell-

SPIELFORM 1: "DREI GEGEN DREI MIT ZWEIERRIEGEL"

R E G E L N :

"Punkt!" oder "Aufgabewechsel!" "Netz!" "Aus!" "Im Feld!"

"Doppelfehler!" "Übertritt!" "Geführt!" "Viermal!"

S O N D E R R E G E L N :

- Ballannahme mit Bagger
- Mindestens zweimal spielen

SPIELFORM 1: "DREI GEGEN DREI MIT ZWEIERRIEGEL"

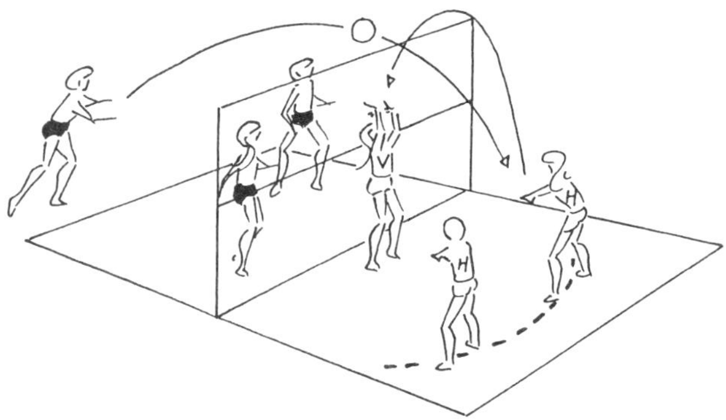

TAKTIK:

Für die Riegelspieler:

- Stellt euch so auf, daß ihr jeden Teil des Spielfeldes reaktionsschnell erreichen könnt!
- Beobachtet aufmerksam den Flug des Balles!
- Stimmt euch im Zweifelsfalle durch Zuruf ab: "Ich!/Meiner!"
- Aber: Wer reagiert, muß handeln!
- Spielt den Ball hoch zum Stellspieler!
- Spielt nicht zu nah ans Netz!

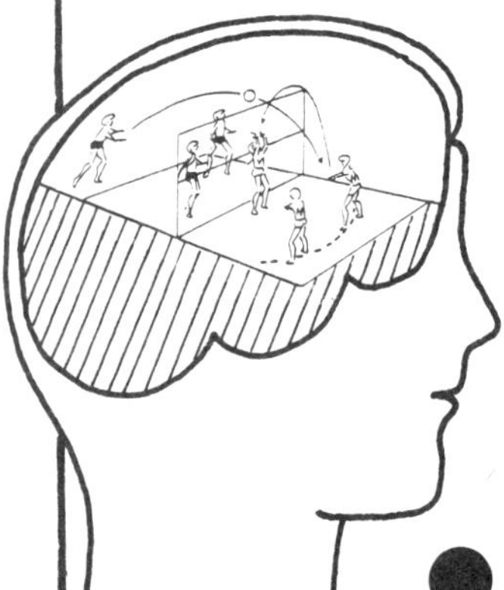

Für den Stellspieler:

- Nimm deine Stellung in Netzmitte ein!
- Jeder zweite Ball ist deiner!
- Versuche, jeden Ball mit Pritschen zu erreichen!
- Spiele hoch und parallel zum Netz, aber nicht zu nah ans Netz!

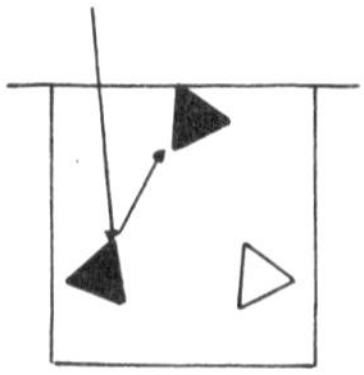

spieler mit deutlicher Richtungsänderung

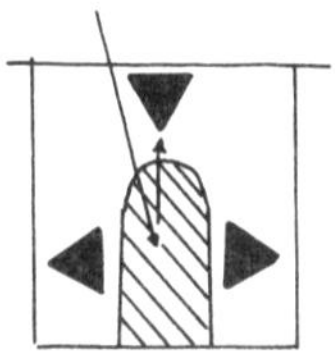

- Plazierung der Aufgabe in der Spielfeldmitte. Annahme nach Verständigung der beiden Riegelspieler

2. Herausstellen des Balles

Der Stellspieler spielt den zweiten Paß parallel zum Netz oder diagonal und bereitet so den "Angriff" vor. Dabei sollte er versuchen, jeden Ball mit Pritschen zu erreichen; denn damit ist das genaueste Zuspiel möglich. Je nach Plazierung der Aufgabe sind im wesentlichen drei Aufgabenstellungen zu unterscheiden:

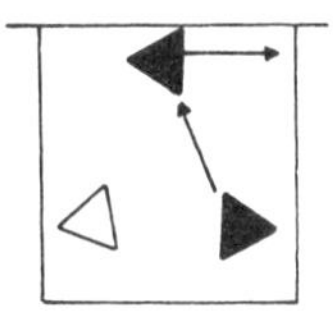

- Herausstellen eines aus dem rechten Hinterfeld zugespielten Balles nach rechts

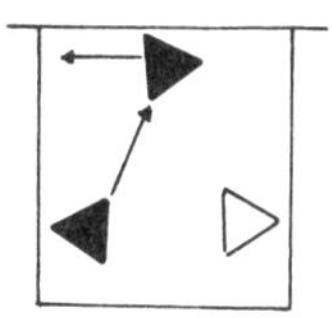

- Herausstellen eines aus dem linken Hinterfeld zugespielten Balles nach links

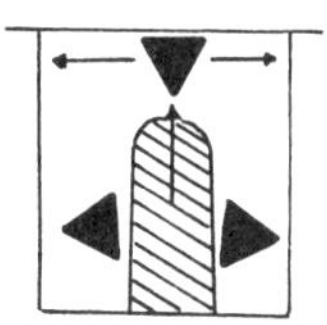

- Herausstellen eines aus der Spielfeldmitte zugespielten Balles nach links oder rechts

3. Angreifen

Der "Angriff" besteht zunächst nur aus gezieltem Pritschen. Das Besondere bei diesem Spiel ist, daß in der Regel derjenige, der den Ball angenommen hat, auch den "Angriff" und somit zwei verschiedene Handlungen nacheinander ausführen muß. Dabei sind drei Spielzüge zu unterscheiden:

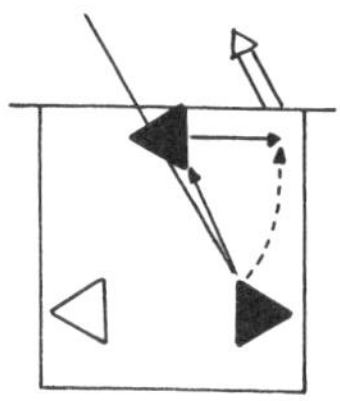

- Ballannahme und "Angriff" durch den rechten Riegelspieler

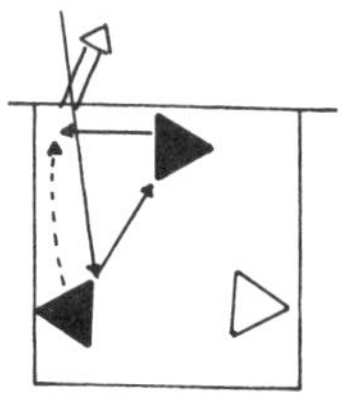

- Ballannahme und "Angriff" durch den linken Riegelspieler

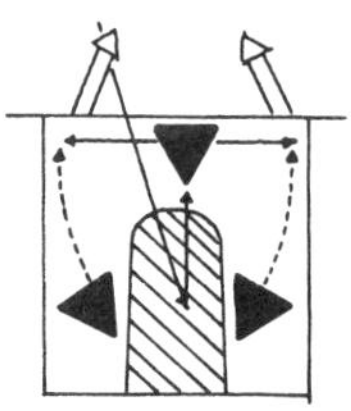

- "Angriff" nach Ballannahme in der Spielfeldmitte über die rechte oder linke Seite (Verständigung)

Übungsformen zur Verbesserung der Spielfähigkeit

Entsprechend den Ergebnissen der Spielanalyse umfaßt der Übungsbereich Formen zur Verbesserung der Ballannahme, des Herausstellens und des "Angriffs" sowie einer Verbindung dieser Grundsituationen.

Übungsformen für die Ballannahme

Der spielgemäße Zusammenhang wird durch die äußeren Spielbedingungen hergestellt. Die Übungsformen werden in den Abmessungen des Spielfeldes durchgeführt. Die Ballannahme erfolgt in Richtung des Netzes. Um die Genauigkeit zu verbessern und jedem Spieler sogleich eine Erfolgskontrolle seiner Handlung zu ermöglichen, wird in Richtung eines festen Zieles zugespielt. Das ist im allgemeinen ein Partner, der später ortsgebunden auf einem Kasten steht, oder auch ein Korbballständer, der zu Trefferspielen motiviert. Bei nur begrenztem Material sollten verschiedene Stationen angeboten werden.

Rückspiel mit Bagger - frontal zum Netz

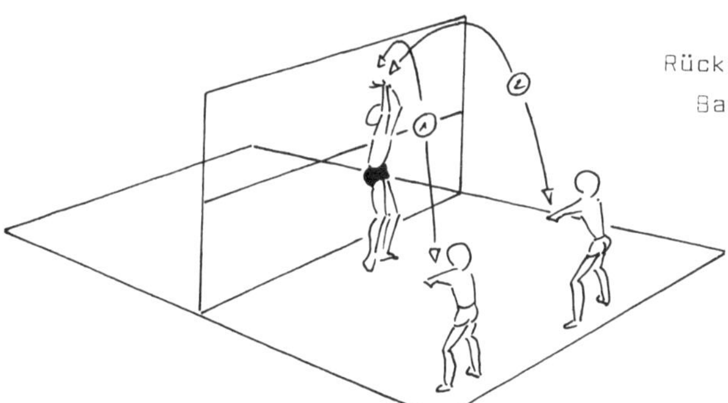

Rückspiel mit Bagger - diagonal

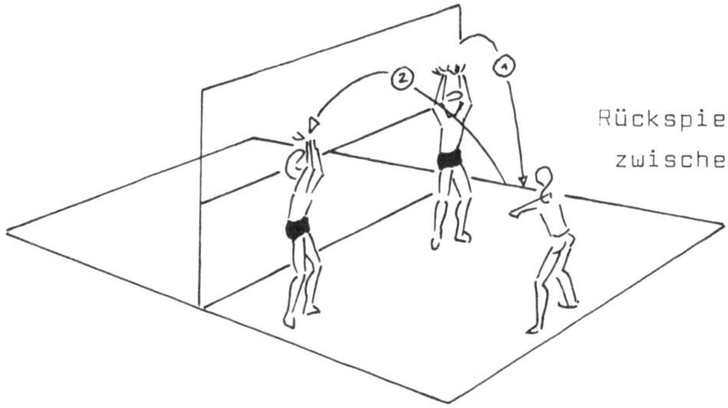

Rückspiel mit Bagger
zwischen zwei Zu-
spielern

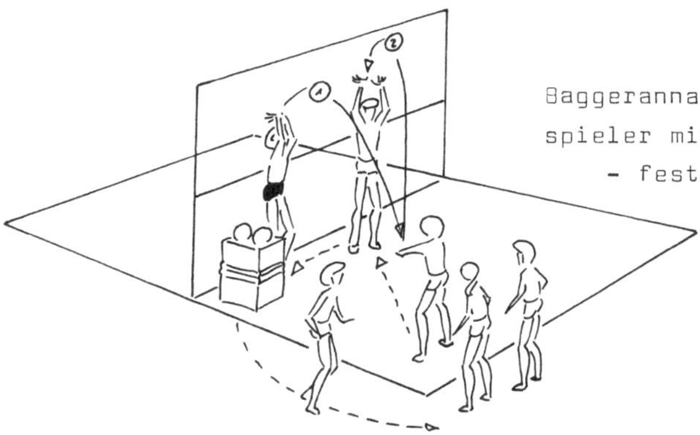

Baggerannahme zum Stell-
spieler mit Nachlaufen
- fester Zuspieler

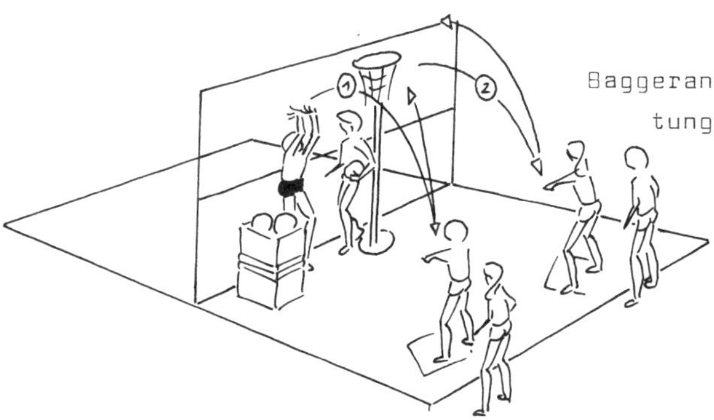

Baggerannahme in Rich-
tung eines Zieles
(z.B. Korb)
- fester
Zuspieler

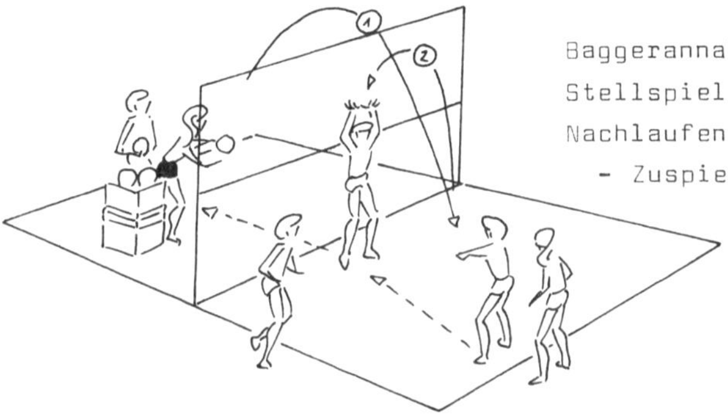

Baggerannahme zum Stellspieler mit Nachlaufen
- Zuspiel über das Netz durch festen Zuspieler

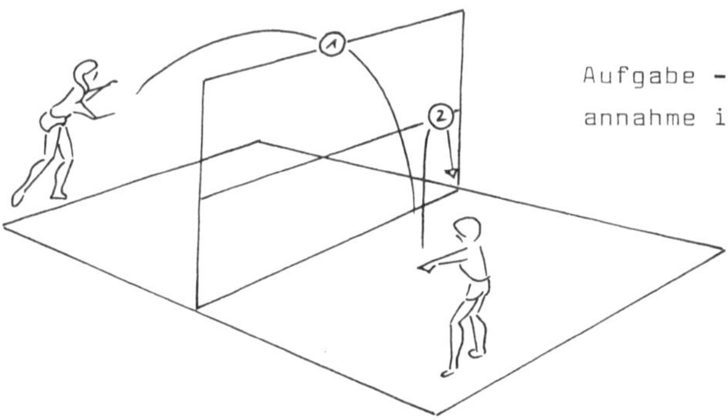

Aufgabe - Baggerannahme im Wechsel

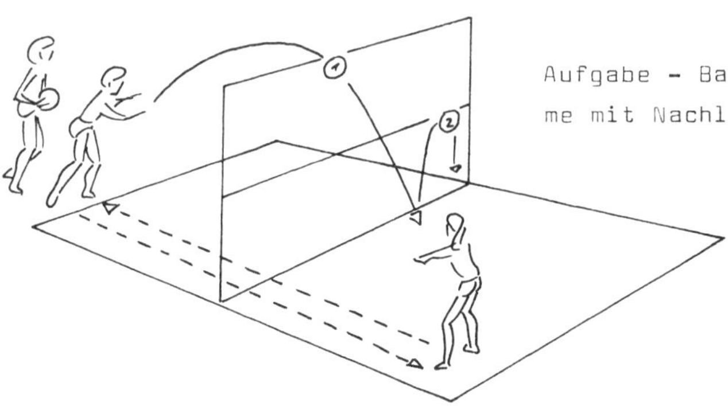

Aufgabe - Baggerannahme mit Nachlaufen

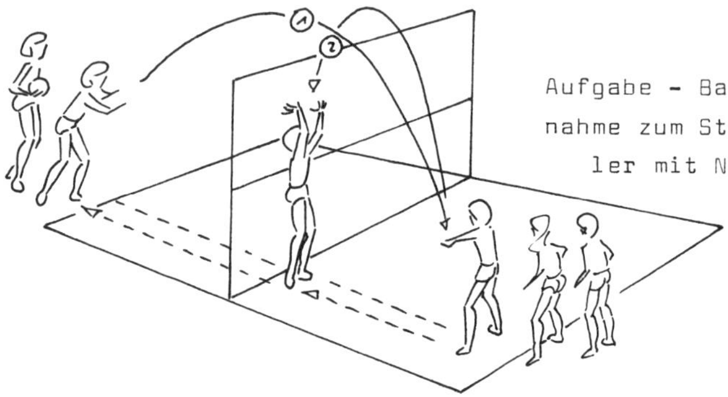

Aufgabe - Baggerannahme zum Stellspieler mit Nachlaufen

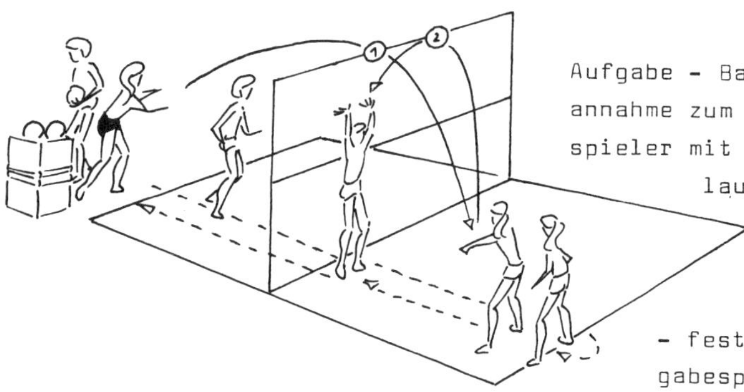

Aufgabe - Baggerannahme zum Stellspieler mit Nachlaufen

- fester Aufgabespieler

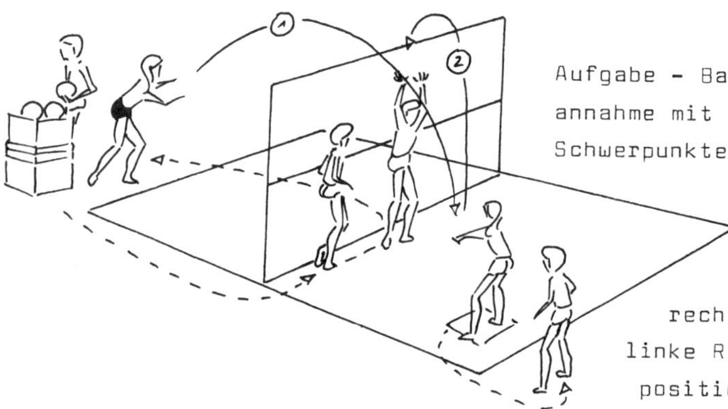

Aufgabe - Baggerannahme mit zwei Schwerpunkten

rechte und linke Riegelposition

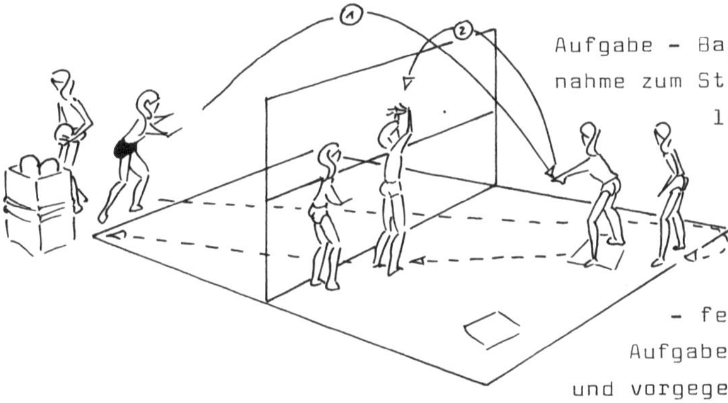

Aufgabe - Baggerannahme zum Stellspieler

- fester Aufgabespieler und vorgegebene Riegelposition (Fliese)

Baggerannahme auf ein Ziel (z.B. Spieler auf Kasten)

- von beiden Riegelpositionen

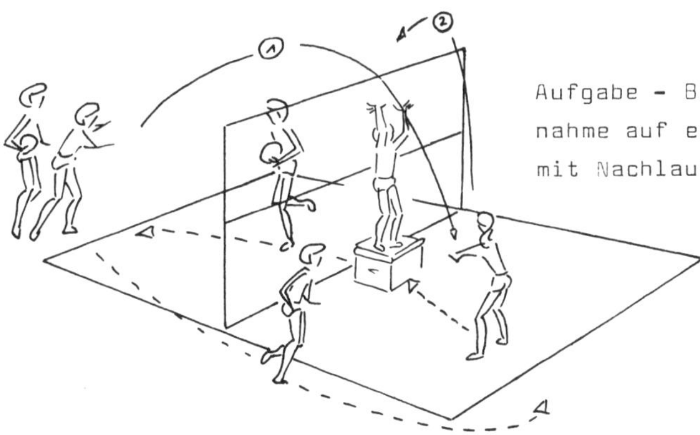

Aufgabe - Baggerannahme auf ein Ziel mit Nachlaufen

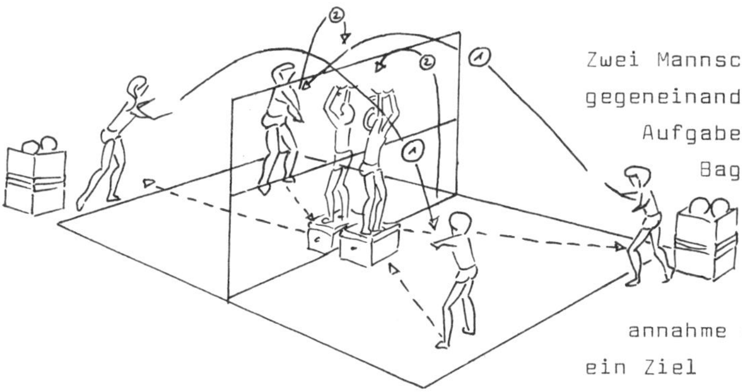

Zwei Mannschaften gegeneinander: Aufgabe und Bagger-annahme auf ein Ziel

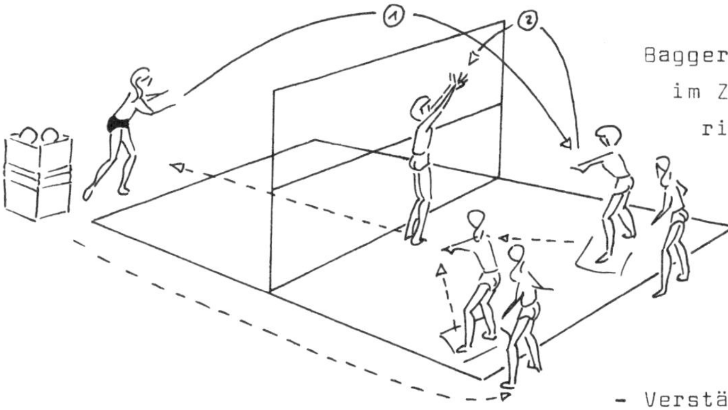

Baggerannahme im Zweier-riegel

- Verständigung

Baggerannahme im Zweierriegel im Wechsel von drei Paaren

-Verständigung

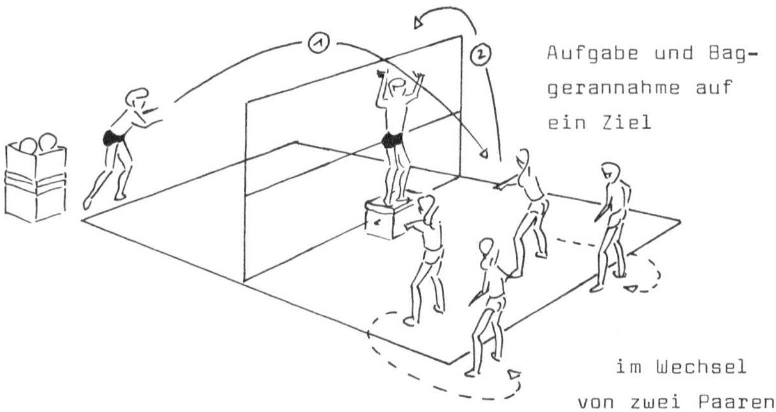

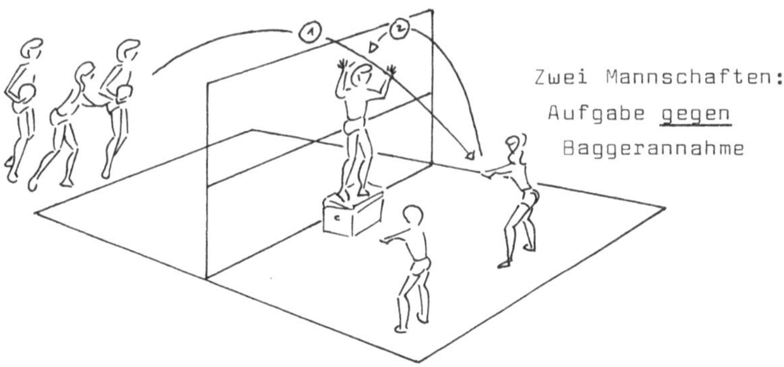

Übungsformen für das Herausstellen

Wie bei der Ballannahme, so wird auch beim Herausstellen der spielgemäße Zusammenhang durch die äußeren Spielbedingungen hergestellt. Die Übungsformen werden in den Abmessungen des Spielfeldes durchgeführt. Das Herausstellen erfolgt von der mittleren Netzposition parallel zum Netz nach außen. Um die Zielgenauigkeit zu schulen, wird in Richtung eines festen Zieles gespielt.

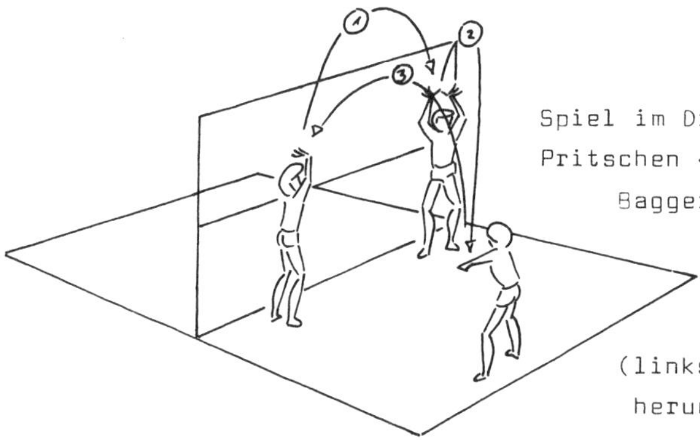

Spiel im Dreieck:
Pritschen - Pritschen -
Baggern

(links und rechts
herum)

Herausstellen auf ein
Ziel
- fester Zuspieler

(Ziele auf beiden
Außenpositionen)

Herausstellen auf ein
Ziel (Korb)
- fester
Zuspieler

(Ziele auf beiden
Außenpositionen)

Baggerannahme - Herausstellen auf ein Ziel (Korb) mit Nachlaufen

-fester Zuspieler (Ziele auf beiden Außenpositionen)

Baggerannahme - Herausstellen auf ein Ziel mit Nachlaufen

- fester Zuspieler (Ziele auf beiden Außenpositionen)

Übungsformen für den "Angriff"

Baggerannahme - Herausstellen - Zielpritschen ("Angreifen") mit Nachlaufen

- fester Zuspieler

Aufgabe - Bagger-
annahme - Zielprit-
schen ("Angreifen")

- fester Auf-
geber und Stellspie-
ler

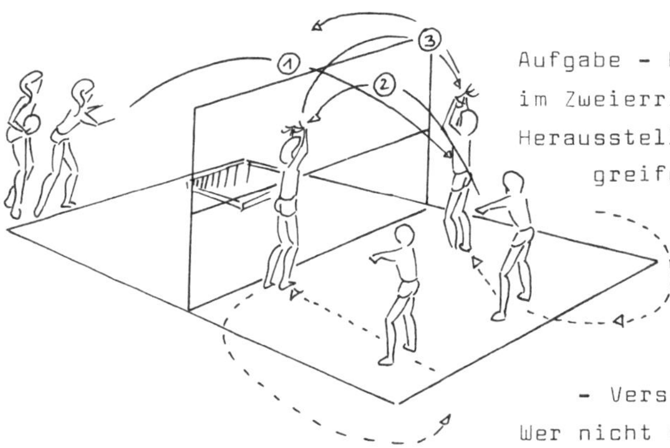

Aufgabe - Baggerannahme
im Zweierriegel mit
Herausstellen und "An-
greifen" der anneh-
menden Spie-
ler

- Verständigung:
Wer nicht annimmt,
stellt heraus!

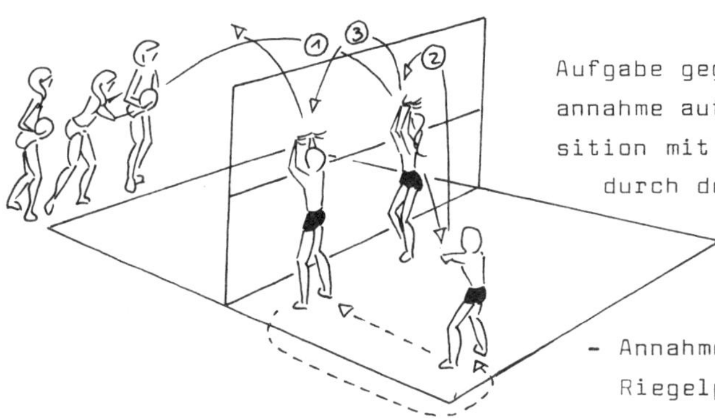

Aufgabe gegen Bagger-
annahme auf fester Po-
sition mit "Angriff"
durch denselben
Spieler

- Annahme auf beiden
Riegelpositionen

Zwei Mannschaften gegeneinander: Aufgabe gegen Zweierriegel

Das Spiel miteinander

Zwei Mannschaften miteinander

Beim "Spiel miteinander" geht es darum, möglichst viele Ballwechsel im Zusammenspiel zweier Mannschaften zu erreichen. Darin liegt einerseits eine Übungsabsicht, andererseits aber auch die Möglichkeit eines anderen Verständnisses des Volleyballspiels: Der Gegner wird zum Mitspieler. Es zählt "nicht mehr der Erfolg der eigenen Mannschaft, sondern der gemeinsame Erfolg aller beteiligten Spieler im Sinne ... eines mannschaftsübergreifenden kooperativen Handelns" (BRETTSCHNEIDER 1975, 91/92).

Das Pritschen rückwärts

Das Pritschen rückwärts versetzt den jeweiligen Zuspieler in die Lage, das Herausstellen des Balles variieren und damit die gesamte Spielfeldbreite am Netz ausnutzen zu können. Während er bisher durch seine Stellung schon im Vorwege entscheidet, welchen der beiden Angreifer er frontal anspielt, kann er mit dem oberen Zuspiel rückwärts nun auch den hinter ihm stehenden Mitspieler einsetzen. Dadurch wird der gegnerischen Mannschaft eine frühzeitige Formierung der Abwehr erschwert.

Dem Pritschen rückwärts kommt auch aus anderer Sicht Bedeutung zu: Wiederholt wird der Steller kaum in der Lage sein, einen schlechten - z.B. zu nah ans Netz gespielten - ersten Paß noch erfolgversprechend herauszustellen. Indem er den Ball stattdessen rückwärts über das Netz pritscht, wählt er situationsangemessen die beste Lösung und vermeidet weitgehend Technikfehler, die bei anderem Vorgehen häufig zum Ballverlust führen. Zugleich verweist diese Entscheidung auch bereits auf später mögliches Fintieren des Stellers.

Die Gesamtbewegung

Die Beherrschung des frontalen oberen Zuspiels ist Voraussetzung für das Pritschen rückwärts. Im Moment der Ballberührung befindet sich der Spieler jedoch nicht hinter-unter, sondern unter dem Ball (4). Die Kopfsteuerung (Blick

PRITSCHEN RÜCKWÄRTS

- In-Stellung-Laufen <u>unter</u> den Ball

- Kopfsteuerung

- Treffpunkt über der Stirn

- Ganzkörperstreckung nach <u>oben</u> (-hinten)

zum Ball (3/4)) hilft dabei, die richtige Spielstellung einzunehmen. Kurz vor der Ballberührung beginnt die Ganzkörperstreckung nach <u>oben</u> (nicht mehr nach vorn-oben). Während beim frontalen Pritschen der Treffpunkt des Balles vor der Stirn liegt, spielt man den Rückwärtspaß über der Stirn in Verlängerung der Körperlängsachse (4/5). Die Handflächen zeigen folglich nach oben. Längere Rückwärtspässe erfordern eine stärkere Körperstreckung nach oben-hinten in Verbindung mit einem geringen Vorschieben der Hüfte (5).

<u>Die Grobform</u>

Für die Vermittlung der Grobform sind folgende Bewegungsdetails von Bedeutung:

- Einnehmen der Spielstellung unter dem Ball
- Spielen des Balles über der Stirn
- Ganzkörperstreckung nach oben.

<u>Vermittlung des Pritschens rückwärts</u>

Das Pritschen rückwärts läßt sich am besten aus dem Doppel-Pritschen entwickeln. Wir wollen verschiedene Lehrwege vorstellen, die sich jedoch auch ergänzen können.

<u>1. Einzelübung mit Zielmarkierung</u>

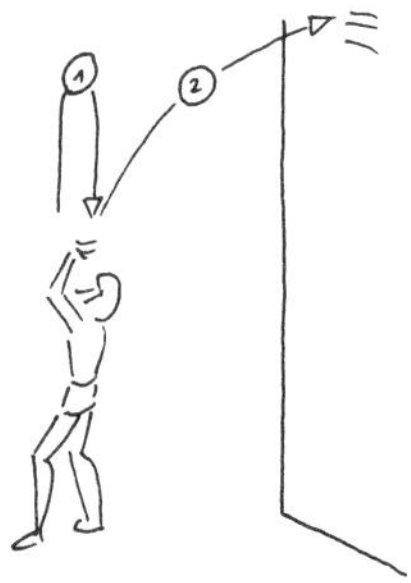

Doppelspiel rückwärts gegen eine Zielmarkierung an der Wand
- kurze Distanz

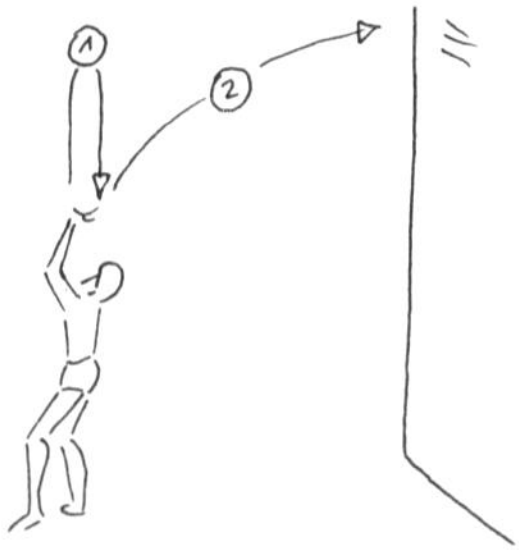

Doppelspiel rückwärts gegen eine Zielmarkierung an der Wand
- erweiterte Distanz zur Wand

2. Zu dritt mit der Wand als Spielpartner

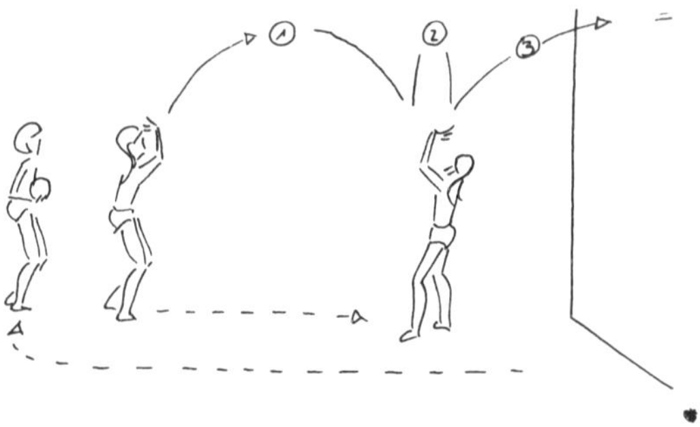

Doppelspiel rückwärts nach Zuspiel mit Nachlaufen

Pritschen rückwärts nach Zuspiel mit Nachlaufen

3. Drei Spieler als Lerneinheit

Doppelspiel mit festem Zuspieler

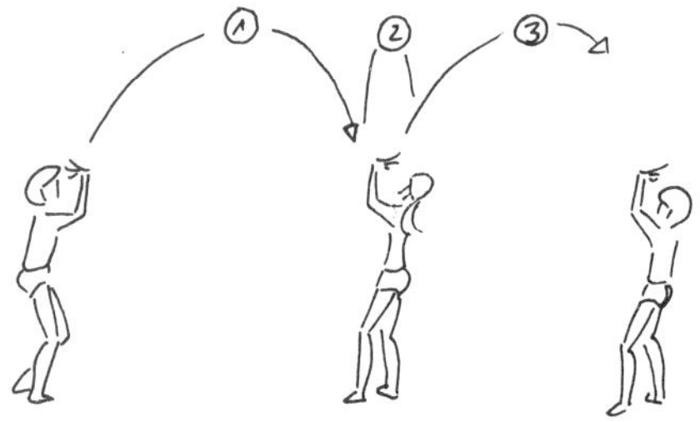

Doppelspiel rückwärts zwischen zwei Zuspielern

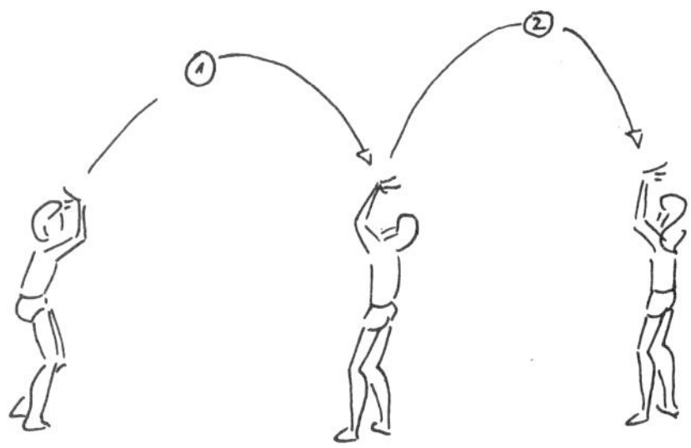

Pritschen rückwärts zwischen zwei Zuspielern

Übungsformen für das Pritschen rückwärts

Für das Pritschen rückwärts mit Richtungsänderung sind die Basketballkörbe günstige Lernhilfen. Es lassen sich auch eine Reihe interessanter Trefferspiele gestalten.

Pritschen rückwärts auf einen Basketballkorb nach Doppelspiel
- fester Zuspieler

Pritschen rückwärts auf einen Basketballkorb
- fester Zuspieler

Bei Berücksichtigung des spielgemäßen Zusammenhanges wird die neue Technik zum Herausstellen rückwärts.

Herausstellen rückwärts auf ein Ziel (Korb) mit geringer Richtungsänderung
- fester Zuspieler
(Ziele auf beiden Außenpositionen)

Herausstellen rückwärts auf ein Ziel (beide Außenpositionen) mit großer Richtungsänderung
- fester Zuspieler

Baggerannahme (beide Riegelpositionen) - Herausstellen rückwärts auf ein Ziel (beide Außenpositionen)

- fester Zuspieler

Das Pritschen im Sprung

Im Großfeldvolleyballspiel ist das Sprungabspiel vor allem Bestandteil der individuellen Taktik des Stellspielers; in den Kleinfeldspielen kommt dieser Technik dagegen besondere Bedeutung als Angriffsvariation zu: Nach dem gezielten Pritschen im Stand sowie dem hier und da eingesetzten Standschlag wird das Angriffsspiel durch diese technische/individualtaktische Erweiterung stärker betont. Mit dem schnellen Sprungpaß kann der Angreifer sehr gezielt Lücken in der gegnerischen Hälfte anspielen und so zugleich seine Sehfähigkeit für die Spielsituation schulen. Durch Schnelligkeit und Genauigkeit sowie durch relativ geringe Anfälligkeit gegen technische Fehler gewinnt der Sprungpaß im Vergleich zu anderen Techniken an Wichtigkeit, die auch im weiteren Spielfortschritt bestehen bleibt, wenn z.B. der Sprungpaß als Angriffsfinte gespielt wird.

Die Gesamtbewegung

Das Pritschen im Sprung kann ohne und mit Anlauf erfolgen. Da die verbleibenden Bewegungsphasen identisch sind, beschreiben wir sogleich den Sprungpaß mit Anlauf.

Der Anlauf besteht aus einem langen Stemmschritt und einem Beistellschritt (3/4), denen je nach Entfernung zum Ball ein oder zwei kurze Orientierungsschritte vorangestellt sind (2). Während des Stemmschrittes holen beide Arme schwungvoll von hinten aus (3). Sie unterstützen den Absprung durch eine Vor-Hoch-Bewegung (4). Der Spieler springt beidbeinig hinter-unter dem anfliegenden Ball ab (5). Der Ballkontakt erfolgt wie beim frontalen Pritschen vor der Stirn (5) bei zügiger Armstreckung im höchsten Punkt des Sprunges. Die beidbeinige Landung sollte weich und federnd sein (7).

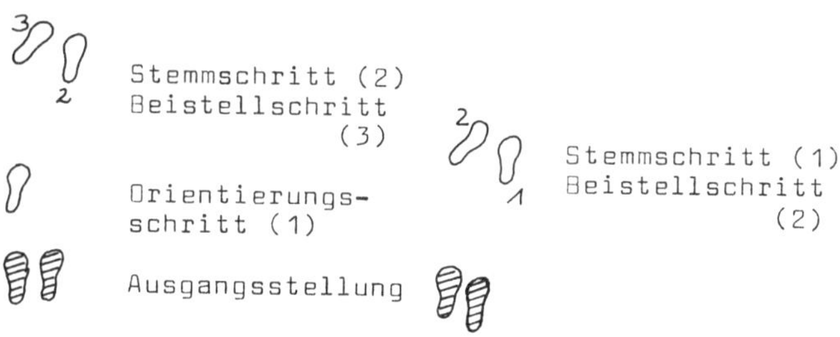

Die Grobform

Für die Vermittlung der Grobform sind folgende Bewegungsdetails von Bedeutung:

- Stemmanlauf mit beidbeinigem Absprung
- Unterstützung des Absprunges durch kräftigen Doppelarmschwung

PRITSCHEN IM SPRUNG

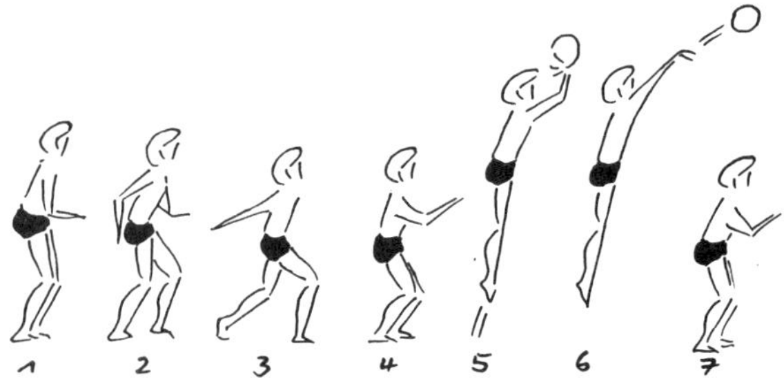

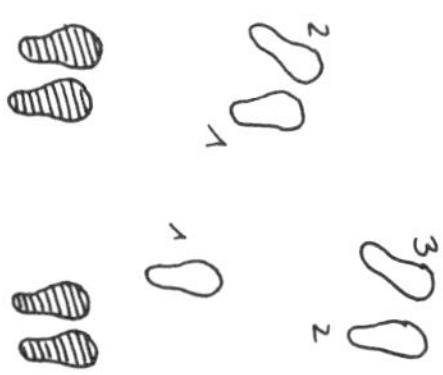

- Schrittgestaltung mit langem Stemmschritt zum Abschluß

- beidbeiniger Absprung mit kräftigem Doppelarmschwung

- Spielen des Balles im höchsten Punkt des Sprunges

- beidbeinige, weiche Landung

- Pritschen des Balles im höchsten Punkt des Sprunges
- beidbeinige, weiche Landung.

Vermittlung des Pritschens im Sprung

1. Vermittlung der Beinarbeit

Die Beinarbeit wird am günstigsten durch Sprünge zu ruhenden Bällen vermittelt. Hierbei ist das schwierige Timing ausgeschaltet, und der Übende kann sich vollends auf die Schrittgestaltung konzentrieren.

Pritschen im Sprung mit ruhendem Ball
Schwerpunkt:
Stemmschritt und Absprung

Schwerpunkt:
Stemmanlauf und Absprung

Die Gesamtbewegung wird am günstigsten aus dem Doppel-Pritschen entwickelt, bei dem sich der Spieler den Ball zunächst selbst vorlegt.

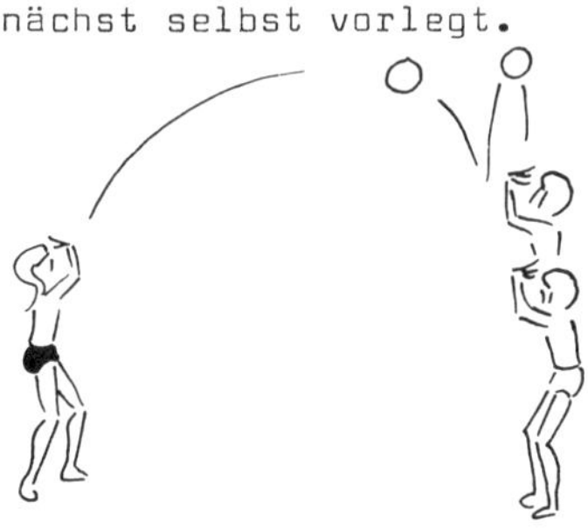

Pritschen im Sprung nach Doppelspiel
- fester Zuspieler

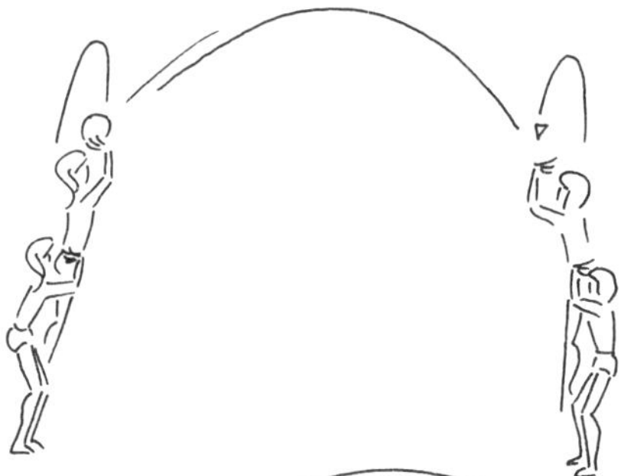

Hin und her mit
Pritschen im Sprung
nach Doppelspiel

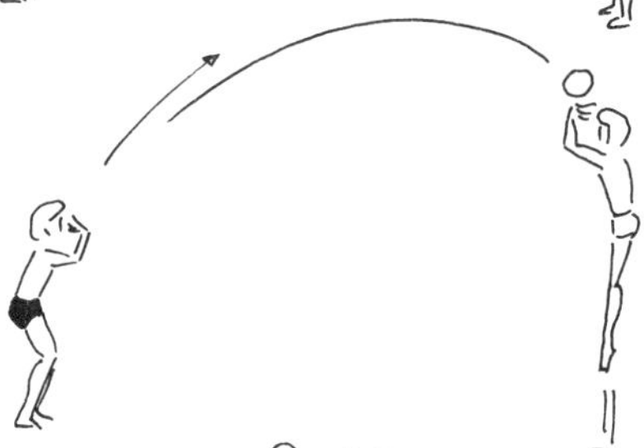

Direktes Rückspiel
mit Pritschen im
Sprung

- fester Zuspieler

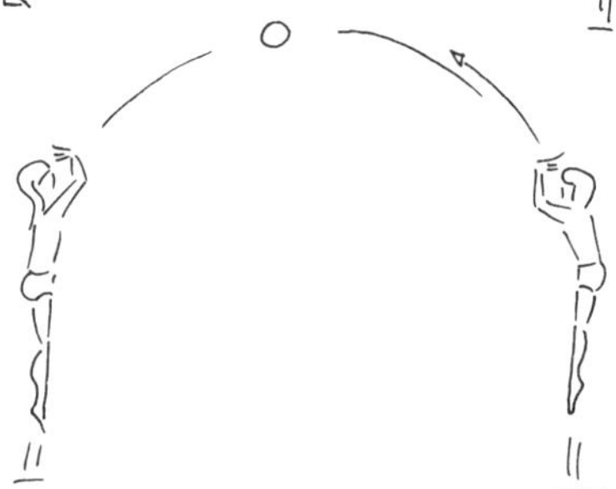

Hin und her mit
Pritschen im Sprung

Übungsformen für das Pritschen im Sprung

Rückspiel über das Netz
mit Pritschen im Sprung
nach Doppelspiel
- jeweils fester
Zuspieler

Direktes Rückspiel
mit Pritschen im
Sprung

- jeweils fester
  Zuspieler

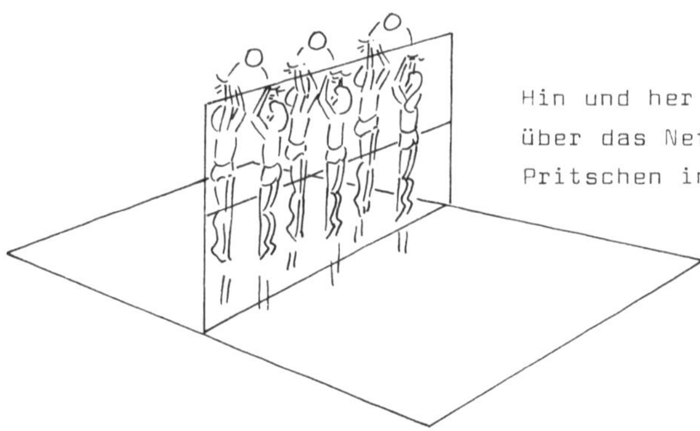

Hin und her
über das Netz mit
Pritschen im Sprung

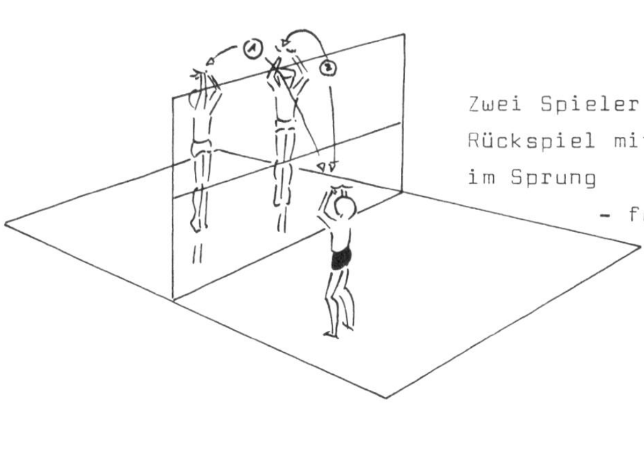

Zwei Spieler im Wechsel:
Rückspiel mit Pritschen
im Sprung

- fester
  Zuspieler

Auch der Sprungpaß wird im Spiel fast ausschließlich mit Richtungsänderung gespielt. Die mit dem frontalen Sprungpaß vorbereitete Technik wird im Dreiecksspiel erweitert.

Pritschen im Sprung
nach Doppelspiel mit
Richtungsänderung
- zwei feste Zuspieler

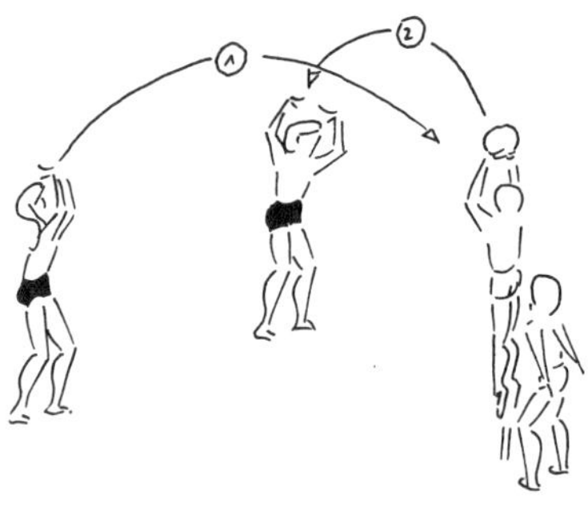

Pritschen im Sprung
mit Richtungsänderung
- zwei feste Zuspieler

Spiel im Dreieck
mit Pritschen im Sprung

Spielform 2: "Vier gegen vier mit Dreierriegel"

Spielfeldgröße: 8×12m

Zielvorstellung

Das Spiel "Vier gegen vier" ist der wichtigste Zwischenschritt auf dem Wege zum Großen Volleyballspiel. Es gestattet bei entsprechender Strukturierung eine Reihe von Handlungsmöglichkeiten im technischen und taktischen Bereich, die denen des Großen Spiels ähnlich sind.

Das Spielfeld ist mit 8×6m pro Mannschaft deutlich größer als vorher. Es wird von vier Spielern abgedeckt. Der Spie-

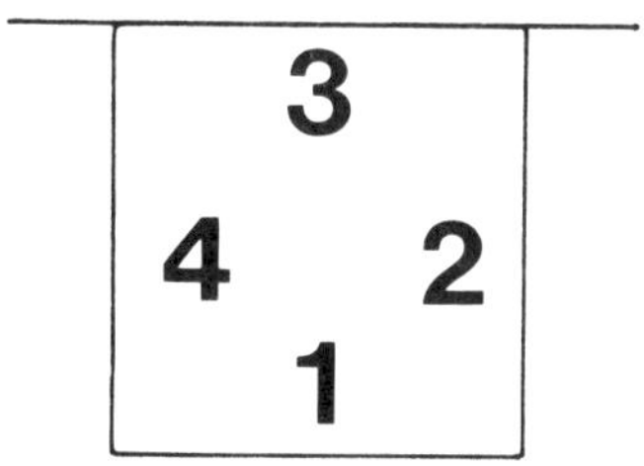

ler auf der Position 3 ist jeweils Stellspieler; die Spieler auf den Positionen 2, 1 und 4 bilden bei gegnerischer Aufgabe einen Dreierriegel.

Eine weitere Differenzierung in Richtung auf das Große Spiel wird dadurch vorgenommen, daß der Spieler auf der Position 1 "echter" Hinterspieler ist, sich somit nicht am Angriff beteiligen darf (Angriff mit Pritschen im Sprung aus dem vorderen Spielfeldbereich). Das ist die Aufgabe der Vorderspieler, im wesentlichen die der Spieler auf den Positionen 2 und 4.

Spielregeln

Nur die aufgebende Mannschaft kann Punkte, die annehmende Mannschaft dagegen lediglich das Aufgaberecht gewinnen. In letzterem Falle wechseln die Spieler der Mannschaft ihre Positionen im Uhrzeigersinn. Der Spieler auf der Position 1 führt die Aufgabe aus.

Die Aufgabe des Gegners muß mit Bagger angenommen werden (Sonderregel). Der Ball darf von einer Mannschaft höchstens dreimal gespielt werden, von keinem Spieler zweimal nacheinander.

Fehler sind:

Netzberührung ("Netz!")
- durch den Ball bei der Aufgabe
- durch einen Spieler

Ball berührt den Boden außerhalb des Spielfeldes ("Aus!")

Ball berührt den Boden innerhalb des Spielfeldes ("Im Feld!")

gehaltener Ball (fehlerhafte Ausführung von Pritschen oder Baggern) ("Geführt!")

Eindringen in die gegnerische Spielfeldhälfte ("Übertritt!")

vier Ballberührungen innerhalb einer Mannschaft ("Viermal!")

Angriff durch den Hinterspieler aus dem vorderen Spielfeldbereich ("Hinterspieler!")

gleichzeitiger Fehler beider Mannschaften (Aufgabe wird wiederholt) ("Doppelfehler!")

Verstoß gegen die Sonderregel: Ballannahme mit Pritschen ("Baggern!")

Taktische Grundregeln

Die taktischen Grundregeln des Spiels werden vom Dreierriegel, aber auch von den technischen Handlungsmöglichkeiten bestimmt.

Das größere Spielfeld bedeutet eine größere Streubreite der Ballwege bei Aufgabe und Angriff des Gegners. Die vermehrte Spielerzahl verlangt eine verbesserte Verständigung der Spieler untereinander. Das mannschaftstaktische Konzept beinhaltet im wesentlichen die Ballannahme im Dreierriegel mit erstem Zuspiel zum Stellspieler, der den Ball parallel zum Netz herausstellt. Ansonsten steht weiterhin das an die Techniken gebundene

SPIELFORM 2: "VIER GEGEN VIER MIT DREIERRIEGEL"

R E G E L N :

S O N D E R R E G E L :

- Ballannahme mit Bagger

"Netz!"

"Aus!"

"Im Feld!"

"Geführt!"

"Übertritt!"

"Viermal!"

"Hinterspieler-Angriff!"

"Doppelfehler!"

SPIELFORM 2: "VIER GEGEN VIER MIT DREIERRIEGEL"

T A K T I K :

Für die Riegelspieler:

- Stellt euch so auf, daß ihr jeden Teil des Spielfeldes reaktionsschnell erreichen könnt!
- Beobachtet aufmerksam den Flug des Balles!
- Stimmt euch im Zweifelsfalle durch Zuruf ab: "Ich!/Meiner!"
- Aber: Wer reagiert, muß handeln!
- Spielt den Ball hoch zum Stellspieler!
- Spielt nicht zu nah ans Netz!

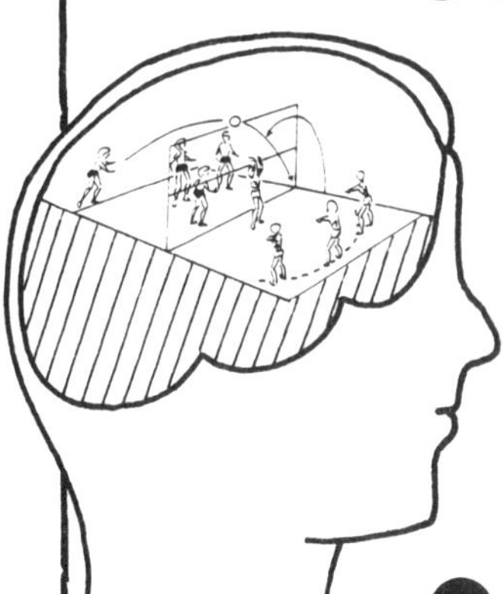

Für den Stellspieler:

- Nimm deine Stellung in Netzmitte ein!
- Jeder zweite Ball ist deiner!
- Versuche, jeden Ball mit Pritschen zu erreichen!
- Spiele hoch und parallel zum Netz, aber nicht zu nah ans Netz!
- Variiere das Herausstellen!

individual-taktische Verhalten im Vordergrund.

Für die Ballannahme durch den Dreierriegel sind folgende Handlungsanweisungen von Bedeutung:

- Stellt euch so im Halbkreis (Riegel) auf, daß ihr jeden Teil des Spielfeldes reaktionsschnell erreichen könnt!
- Beobachtet aufmerksam den Flug des Balles!
- Startet reaktionsschnell zum Ball!
- Stimmt euch im Zweifelsfalle durch Zuruf ab: "Ich!"/ "Meiner!"
- Aber: Wer reagiert, muß auch handeln!
- Spielt den Ball hoch zum Stellspieler, damit er ihn mit Pritschen erreichen kann!
- Spielt nicht zu nah ans Netz!

Für den Stellspieler gilt:

- Jeder zweite Ball ist deiner!
- Versuche, jeden Ball mit Pritschen zu erreichen!
- Spiele hoch und parallel zum Netz, aber nicht zu nah ans Netz!
- Variiere das Herausstellen!

Analyse der Spielanforderungen

Die geänderten äußeren Bedingungen (vergrößertes Spielfeld, vermehrte Spielerzahl) und das damit verbundene mannschaftstaktische Konzept stellen besondere Anforderungen an die technischen und taktischen Fähigkeiten. Aufschluß über die Einzelanforderungen als Voraussetzung für die Planung von spielbegleitenden Übungsformen erhalten wir durch eine Analyse des komplexen Spielgeschehens.

1. Annahme der Aufgabe

Das größere Spielfeld gestattet härtere Aufgaben und Ballwege mit größerer Streubreite. Die Zuspielwege der annehmenden Mannschaft sind länger, die Zuspielwinkel größer. Die vermehrte Spielerzahl in der Riegelaufstellung verlangt die Verständigung der Spieler untereinander. Je nach Plazierung der Aufgaben sind im wesentlichen drei Annahme-Situationen zu unterscheiden:

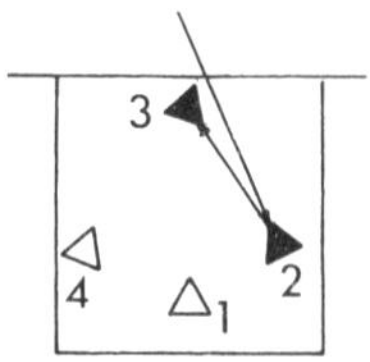

1.
- Annahme der Aufgabe vom rechten Riegelspieler (Pos. 2) mit Zuspiel zum Stellspieler

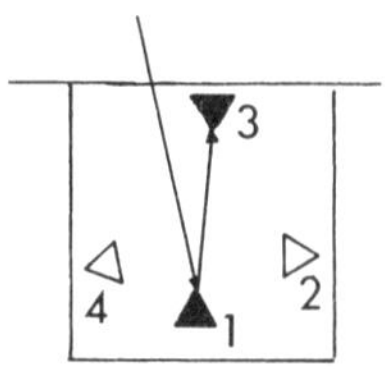

- Annahme der Aufgabe vom mittleren Riegelspieler (Pos. 1) mit Zuspiel zum Stellspieler

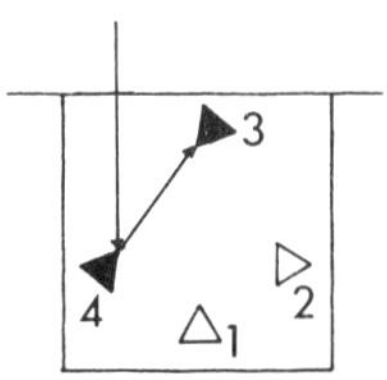

- Annahme der Aufgabe vom linken Riegelspieler (Pos. 4) mit Zuspiel zum Stellspieler

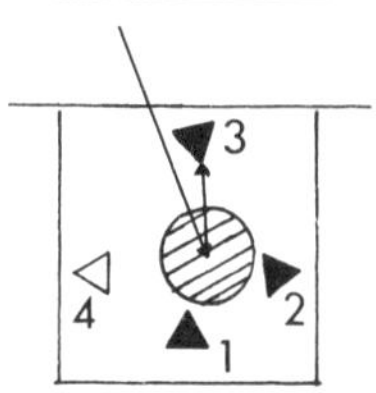

2.
- Annahme der Aufgabe, die zwischen den rechten und den mittleren Riegelspieler (Pos. 2 und 1) geschlagen wird (Verständigung)

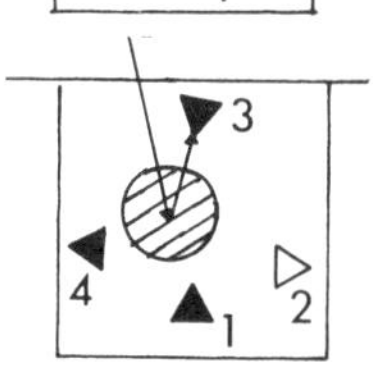

- Annahme der Aufgabe, die zwischen den linken und den mittleren Riegelspieler (Pos. 4 und 1) geschlagen wird (Verständigung)

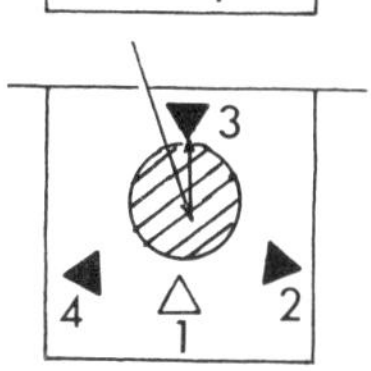

3.
- Annahme der Aufgabe, die in den Handlungsraum direkt hinter den Stellspieler geschlagen wird (Verständigung Pos. 4 und 2)

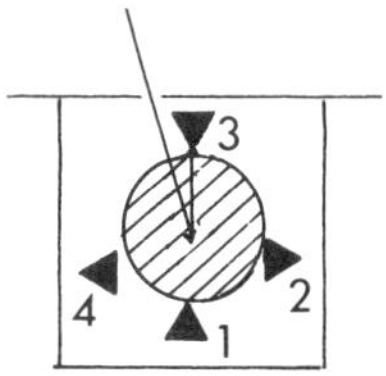

- Annahme der Aufgabe, die in den Handlungsraum aller Riegelspieler geschlagen wird (Verständigung aller Riegelspieler)

2. Herausstellen des Balles

Das größere Spielfeld bedeutet längere Zuspielwege, und die Zuspielwinkel haben eine größere Streubreite. Beim Herausstellen des Balles ist die Verständigung mit zwei Angreifern notwendig. Im wesentlichen sind drei Grundsituationen zu unterscheiden:

1.

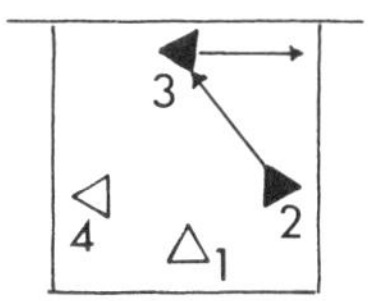

- Herausstellen des vom rechten Riegelspieler (Pos. 2) zugespielten Balles zur gleichen Seite

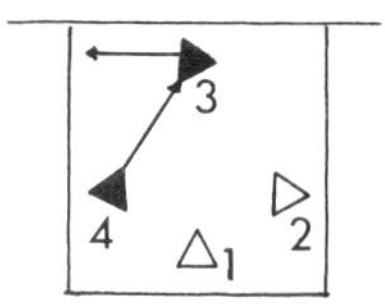

- Herausstellen des vom linken Riegelspieler (Pos. 4) zugespielten Balles zur gleichen Seite

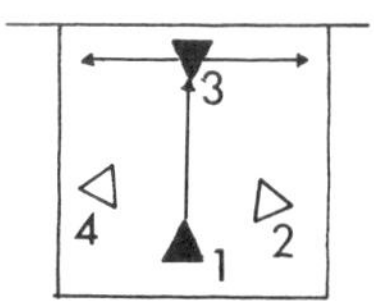

- Herausstellen des von der Spielfeldmitte (meistens Pos. 1) zugespielten Balles nach rechts oder links

2.

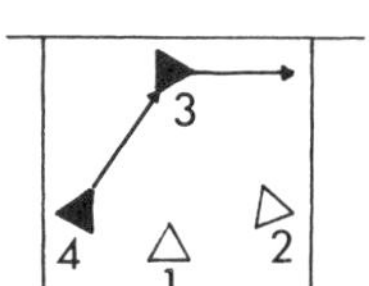

- Herausstellen des vom linken Riegelspieler (Pos. 4) zugespielten Balles rückwärts auf die rechte Seite

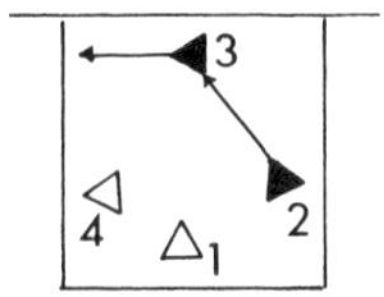

- Herausstellen des vom rechten Riegelspieler (Pos. 2) zugespielten Balles rückwärts auf die linke Seite

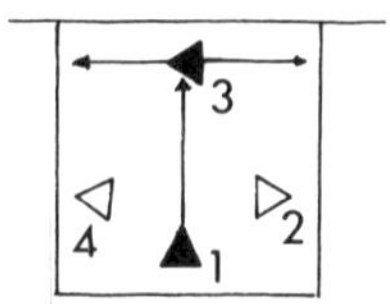

- Herausstellen des von der Spielfeldmitte (meistens Pos. 1) zugespielten Balles rückwärts auf die linke oder rechte Seite

3. Angreifen

Der Angriff wird weiterhin im wesentlichen mit Pritschen im Stand oder im Sprung durchgeführt; ab und zu wird auch schon der Standschlag angewendet. Durch die sich weiter ausdifferenzierenden Möglichkeiten des Stellspielers (Wahl der Zuspielseite und -technik) sowie der Angreifer (Pritschen im Stand oder Sprung oder Standschlag) erhält die Situation am Netz jedoch wesentlich mehr Variabilität und erschwert die Annahme durch die gegnerische Mannschaft nicht unerheblich. Die Festigung des Spielniveaus auf diesem Könnensstand darf als Grundlage für das weitere Vorgehen empfohlen werden.

Interessanter wird das Thema "Angriff" nach Einführung des Angriffsschlages, so daß es hier zunächst kurz gefaßt werden kann.

Übungsformen für die Grundfertigkeiten Pritschen und Baggern

Wie für das Kleinfeldvolleyballspiel "Drei gegen drei", so sollen auch für das "Vier gegen vier" Übungsformen in Vierergruppen (Mannschaftsstärke) vorangestellt werden, die als Teil des Aufwärmprogramms und für die Weiterentwicklung des technischen Könnens ihre besondere Bedeutung haben. Das Üben in Vierergruppen geschieht in organisatorischem Interesse.

Zuspiele zum oder über das Netz mit Laufweg nach hinten oder zur Seite

Pritschen oder Baggern zum oder über das Netz mit Nachlaufen

Zuspiele parallel zum Netz mit Laufweg nach hinten oder zur Seite

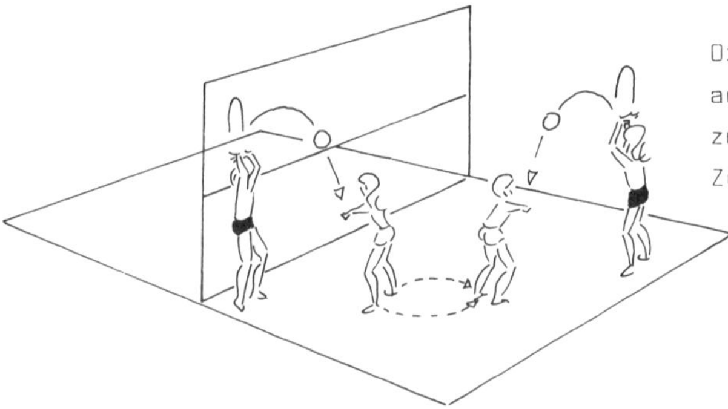

Orientierung
auf kurze Bälle
zwischen zwei
Zuspielern

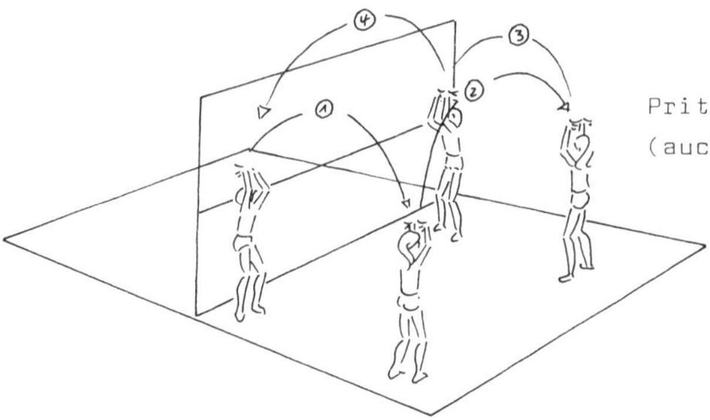

Pritschen im Viereck
(auch mit zwei
Bällen)

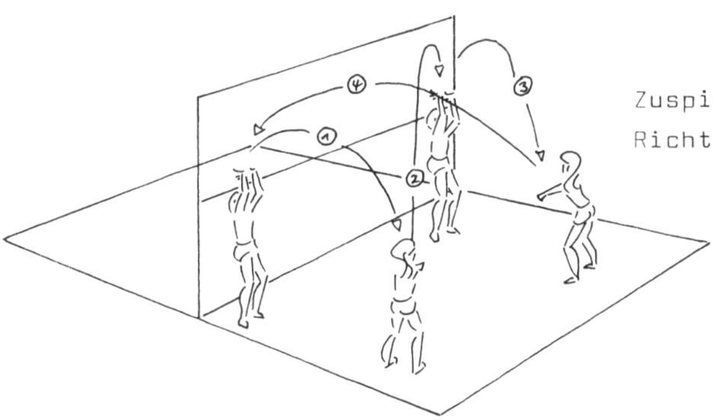

Zuspiele mit
Richtungsänderung

Rückspiele auf zwei feste Zuspieler mit Laufweg nach hinten oder zur Seite

Rückspiel und Seitbewegung zwischen zwei festen Zuspielern

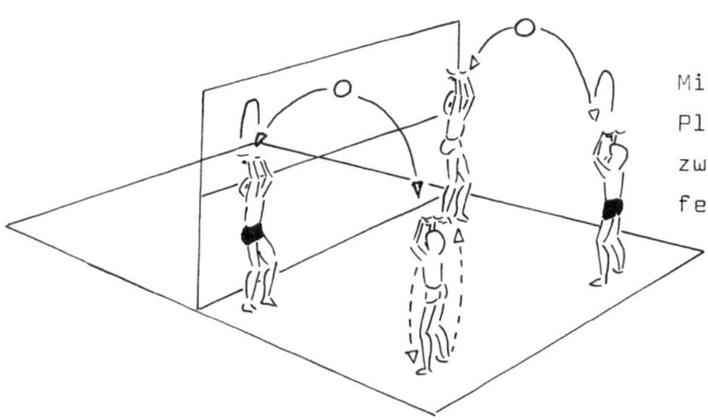

Mit diagonalem Platzwechsel zwischen zwei festen Zuspielern

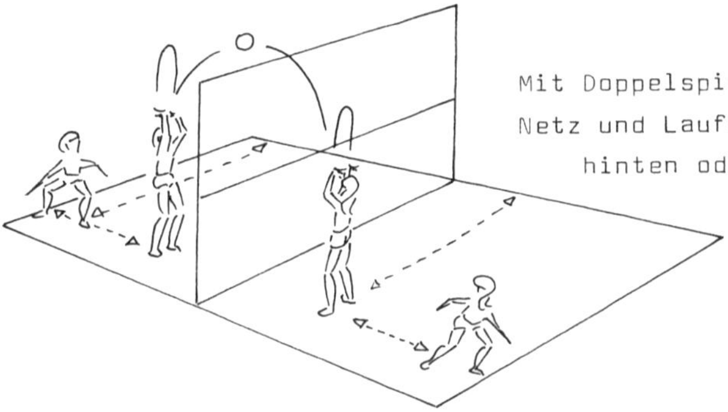

Mit Doppelspiel über das
Netz und Laufweg nach
hinten oder zur Seite

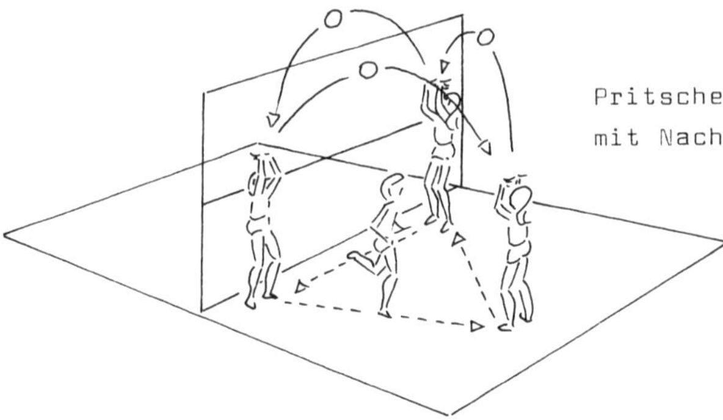

Pritschen im Dreieck
mit Nachlaufen

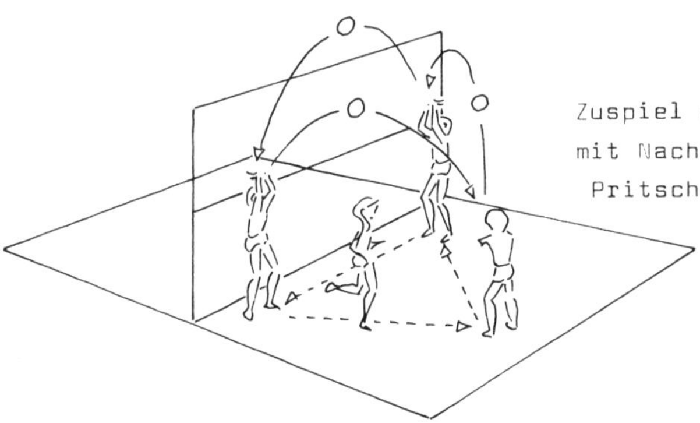

Zuspiel im Dreieck
mit Nachlaufen:
Pritschen - Prit-
schen -
Baggern

Zuspiele in der Diagonalen oder parallel zum Netz mit Nachlaufen

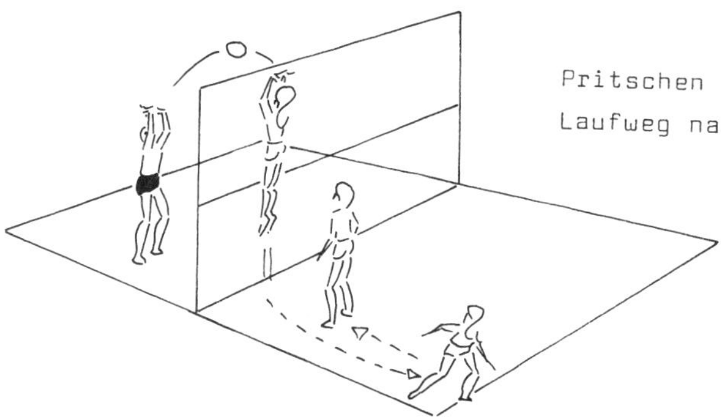

Pritschen im Sprung und Laufweg nach hinten

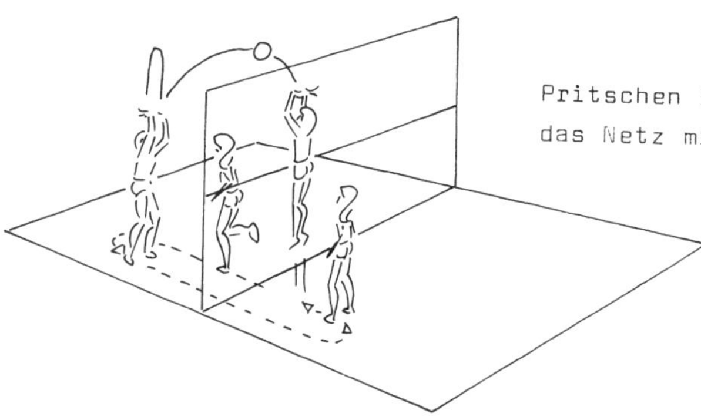

Pritschen im Sprung über das Netz mit Nachlaufen

Übungsformen zur Verbesserung der Spielfähigkeit

Entsprechend den Ergebnissen der Spielanalyse umfaßt der Übungsbereich vor allem Formen zur Verbesserung der Ballannahme, des Herausstellens und der Verbindung dieser beiden Grundsituationen. Auf eine Thematisierung der Angriffsaktionen wird hier verzichtet. Sie erhalten erst nach Einführung des Angriffsschlages besondere Bedeutung.

Übungsformen für die Ballannahme

Der spielgemäße Zusammenhang wird durch ein Üben innerhalb der spielgerechten Bedingungen hergestellt. Die Ballannahme erfolgt aus einer Feldposition in Richtung des Netzes. Um die Zuspielgenauigkeit zu verbessern, wird in Richtung eines Zieles gespielt. Organisatorisch am einfachsten ist das Zuspiel zu einem Partner, der z.B. ortsgebunden auf einer Matte oder einem kleinen Kasten steht. Interessant ist - wo vorhanden - auch der Einsatz von Korbballständern oder ähnlichen Zieleinrichtungen.

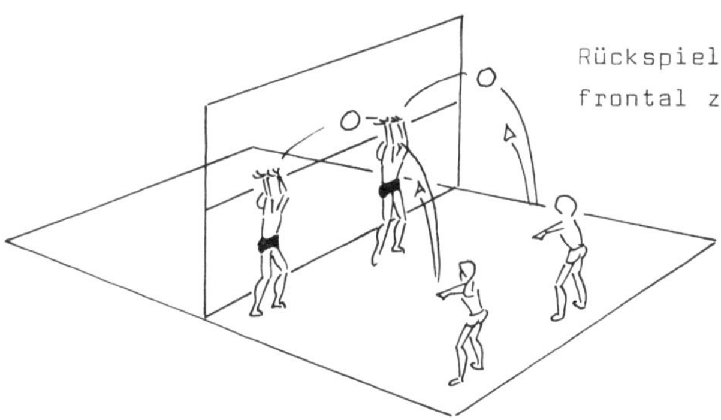

Rückspiel mit Bagger
frontal zum Netz

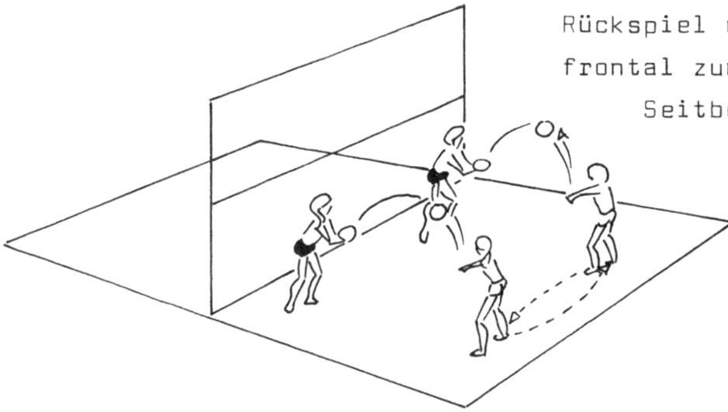

Rückspiel mit Bagger frontal zum Netz mit Seitbewegung

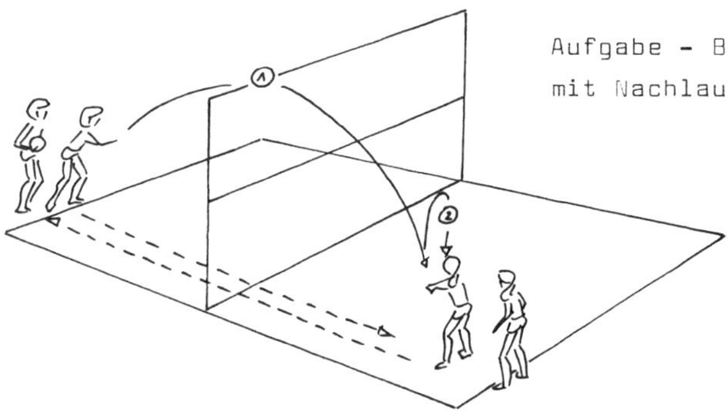

Aufgabe - Baggerannahme mit Nachlaufen

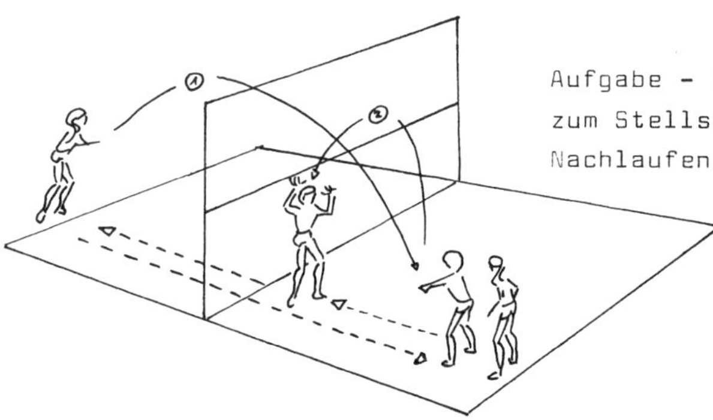

Aufgabe - Baggerannahme zum Stellspieler mit Nachlaufen

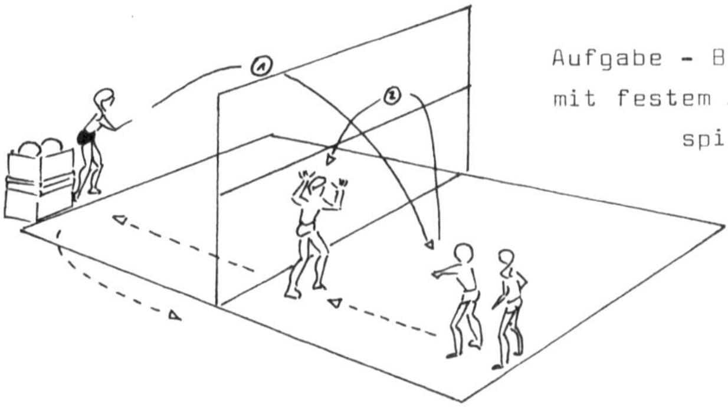

Aufgabe - Baggerannahme mit festem Aufgabespieler

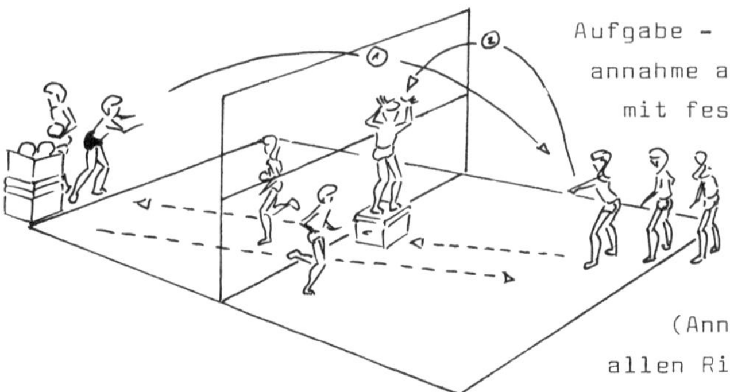

Aufgabe - Baggerannahme auf ein Ziel mit festem Aufgabespieler

(Annahme auf allen Riegelpositionen)

Aufgabe - Baggerannahme auf fester Riegelposition auf ein Ziel

- fester Aufgabe- und Stellspieler

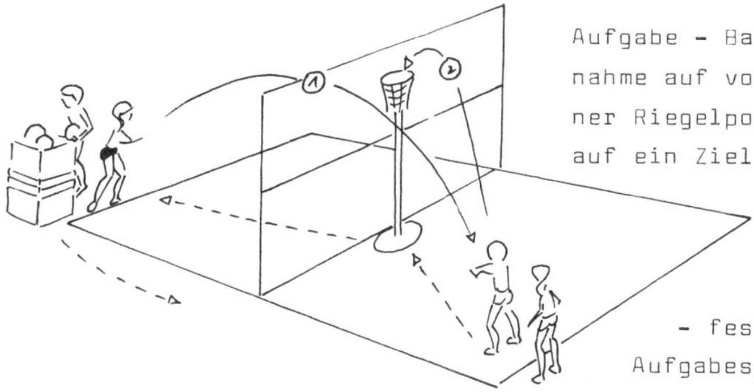

Aufgabe - Baggerannahme auf vorgegebener Riegelposition auf ein Ziel (Korb)

- fester Aufgabespieler

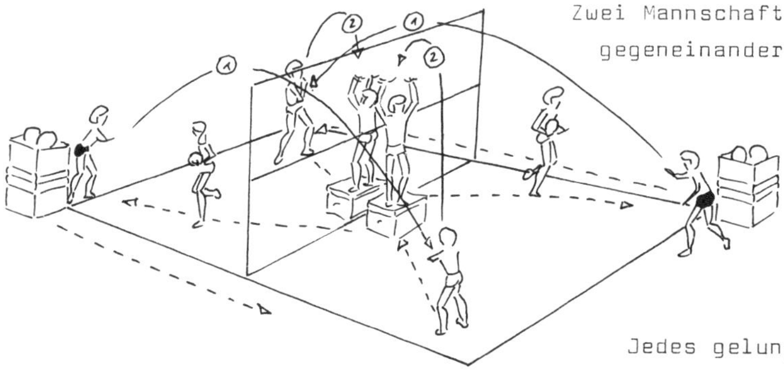

Zwei Mannschaften gegeneinander

Jedes gelungene Zuspiel zählt einen Punkt.

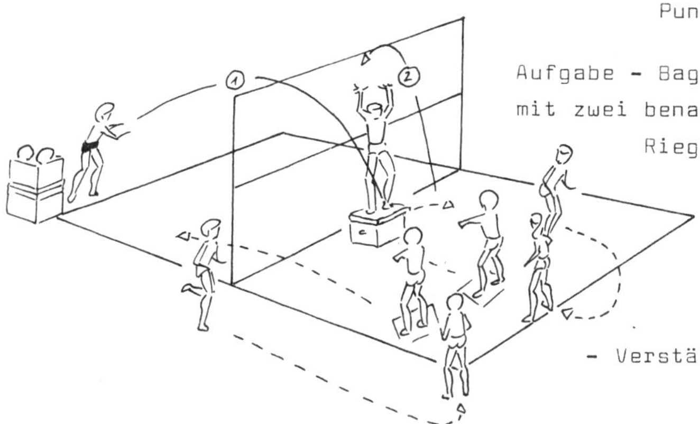

Aufgabe - Baggerannahme mit zwei benachbarten Riegelspielern

- Verständigung

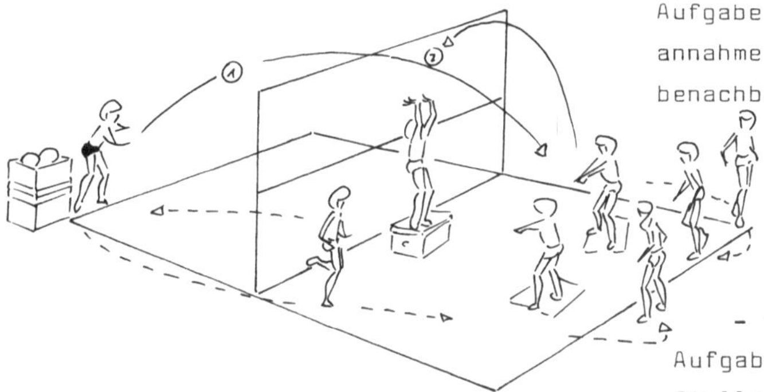

Aufgabe - Bagger-
annahme mit zwei
benachbarten Rie-
gelspie-
lern

- fester
Aufgabe- und
Stellspieler

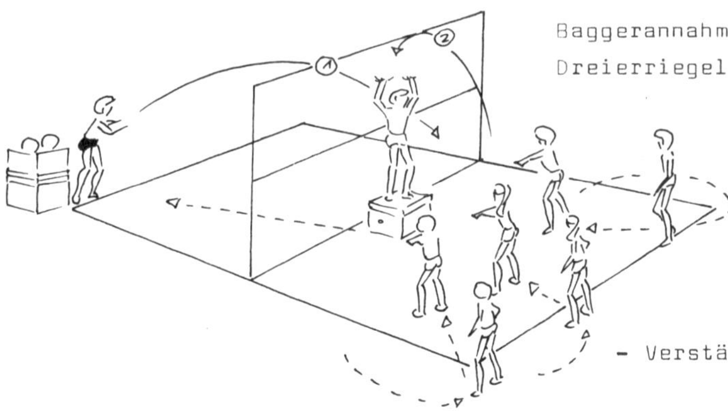

Baggerannahme im
Dreierriegel

- Verständigung

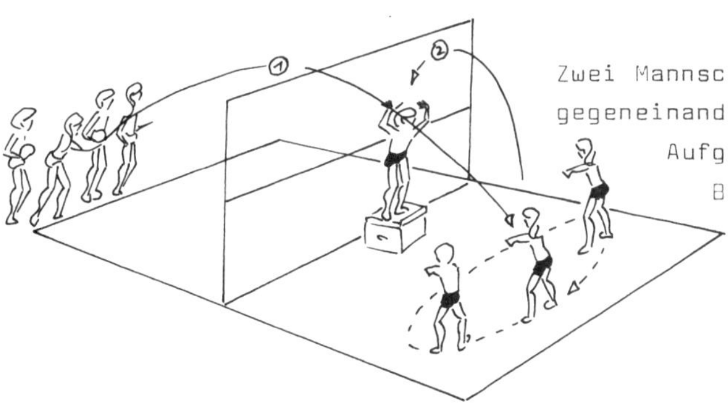

Zwei Mannschaften
gegeneinander:
Aufgabe -
Baggerannah-
me auf
ein Ziel

Übungsformen für das Herausstellen

Wie bei der Ballannahme, so wird auch beim Herausstellen des Balles der spielgemäße Zusammenhang gesucht, d.h. die Übungsformen werden auf dem Spielfeld unter Wahrung der äußeren Spielbedingungen durchgeführt. Das Herausstellen erfolgt von der mittleren Spielposition (Pos. 3) parallel zum Netz nach außen mit Pritschen frontal oder rückwärts. Um die Zielgenauigkeit zu schulen, wird in Richtung eines Zieles gespielt.

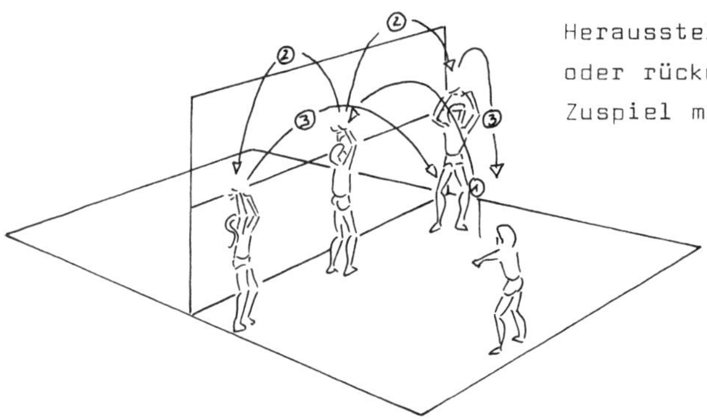

Herausstellen frontal oder rückwärts nach Zuspiel mit Bagger

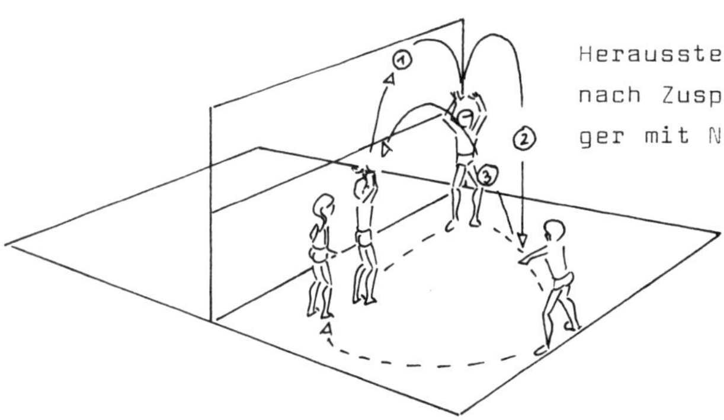

Herausstellen frontal nach Zuspiel mit Bagger mit Nachlaufen

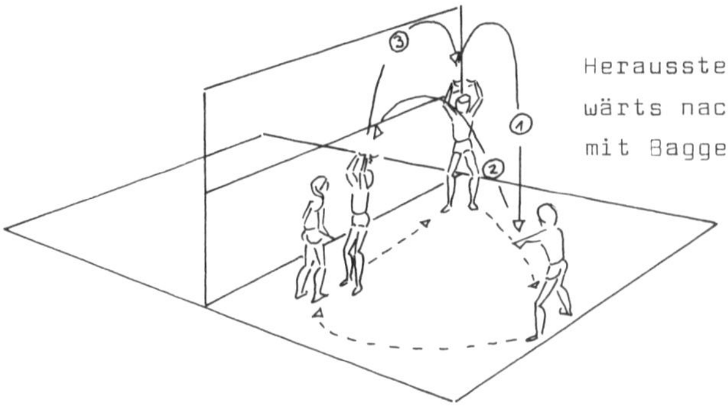

Herausstellen rückwärts nach Zuspiel mit Bagger mit Nachlaufen

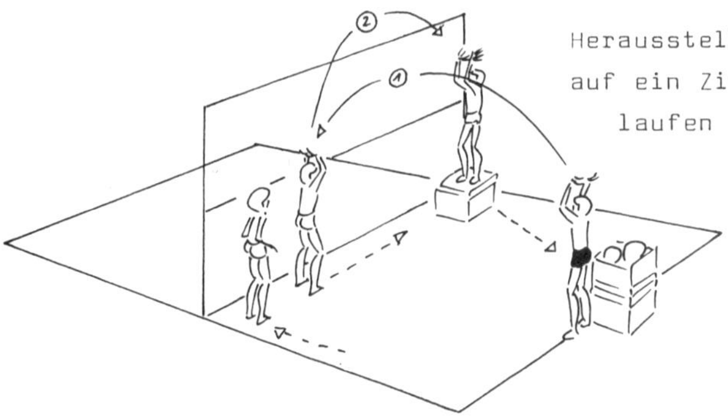

Herausstellen frontal auf ein Ziel mit Nachlaufen

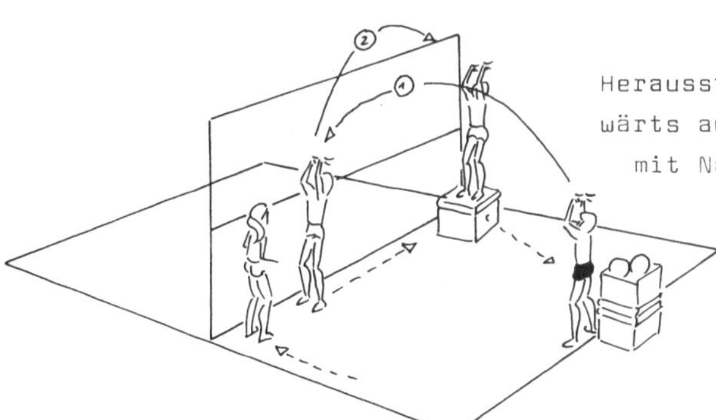

Herausstellen rückwärts auf ein Ziel mit Nachlaufen

Zwei Mannschaften gegeneinander: Herausstellen frontal (oder rückwärts) als Trefferspiel

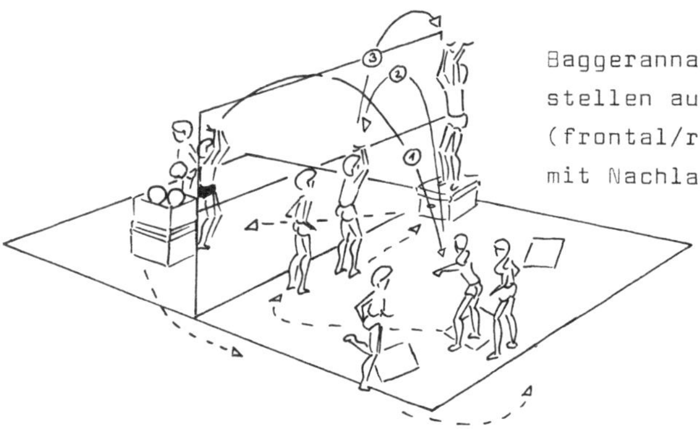

Baggerannahme - Herausstellen auf ein Ziel (frontal/rückwärts) mit Nachlaufen

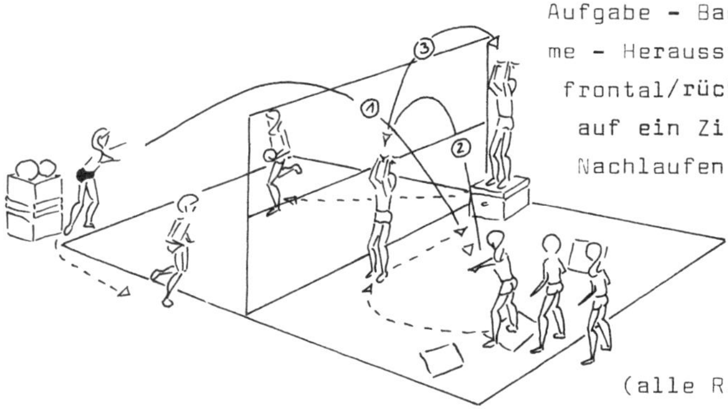

Aufgabe - Baggerannahme - Herausstellen frontal/rückwärts auf ein Ziel mit Nachlaufen

(alle Riegelpositionen)

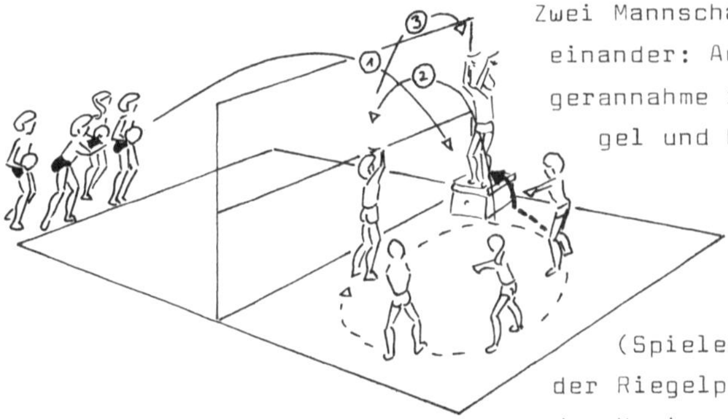

Zwei Mannschaften gegeneinander: Aufgabe - Baggerannahme im Dreierriegel und Herausstellen

(Spieler läuft von der Riegelposition auf den Kasten; jeder gefangene Ball zählt 1 Punkt)

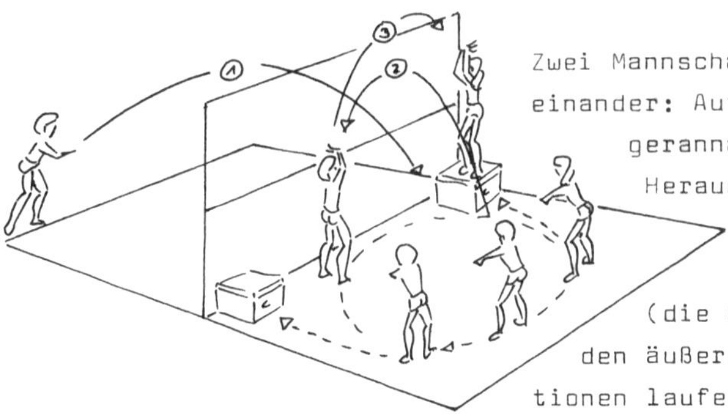

Zwei Mannschaften gegeneinander: Aufgabe - Baggerannahme und Herausstellen auf Pos. 2 oder 4 (die Spieler auf den äußeren Riegelpositionen laufen nach der Ballannahme auf die Kästen)

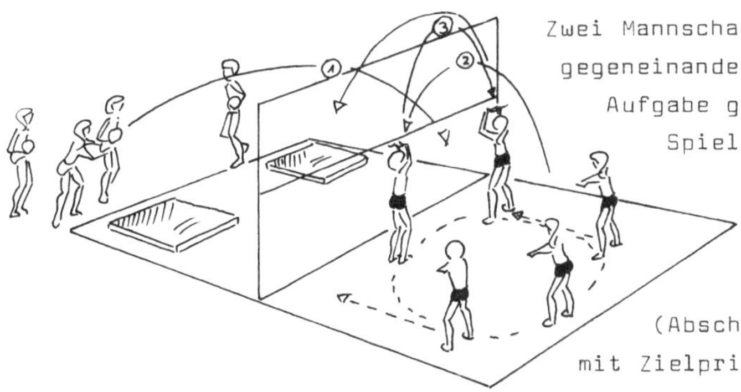

Zwei Mannschaften gegeneinander: Aufgabe gegen Spielzug

(Abschluß mit Zielpritschen)

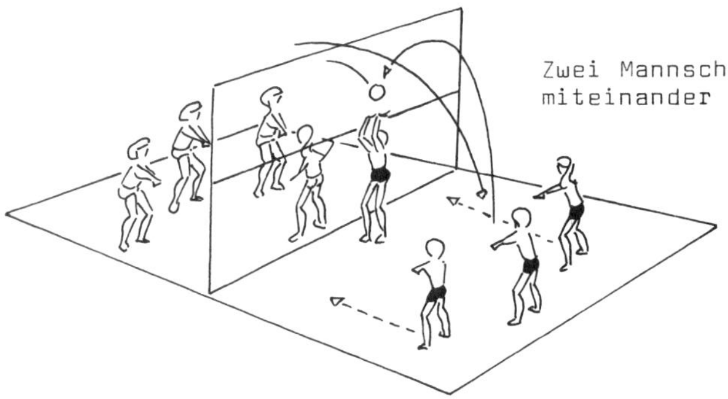

Die Aufgabe frontal von oben

Während die Aufgabe von unten relativ langsam in das gegnerische Feld fliegt und somit den nachfolgenden Spielaufbau begünstigt und erleichtert, wird die Aufgabe von oben bereits zum Angriffsmittel: Der Ball ist schneller, seine Flugkurve flacher. Die Annahme wird dadurch wesentlich schwieriger, so daß eine intensive Annahmeschulung erfolgen muß, damit es nicht zu einer gravierenden Störung des Spielflusses kommt.

Die Beherrschung der Aufgabe von oben beinhaltet zugleich auch die Möglichkeit, diese Technik vermehrt als Angriffsvariation (Standschlag) einzusetzen. Ebenso erleichtert sie das Erlernen des Angriffs im Sprung (Angriffsschlag).

Die Gesamtbewegung

Der Spieler steht in leichter Schrittstellung frontal zum Netz; der Rechtshänder hat den linken Fuß vorn (1). Er wirft den Ball mit beiden Händen über die Schulter des Schlagarmes an (1/2), führt die Schlaghand gebeugt hinter den Kopf (3) und den freien Arm ausgleichend nach vornoben (3).

Durch das Rückführen der Schlagarmschulter und durch eine

AUFGABE FRONTAL VON OBEN

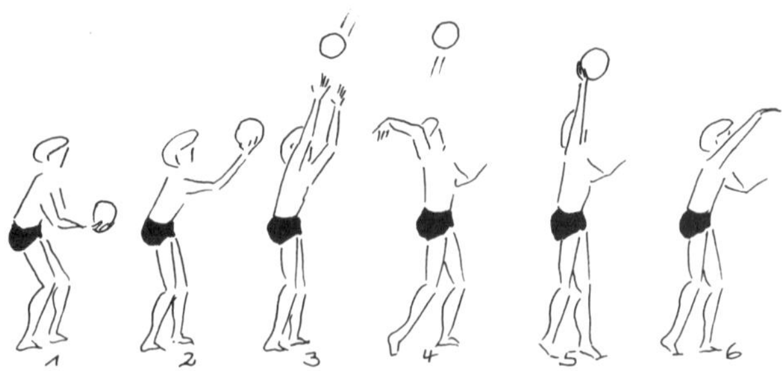

- Ball aus leichter Schrittstellung über die Schulter des Schlagarmes anwerfen

- weite Ausholbewegung

- Treffen des Balles bei langem Arm mit der flachen Hand

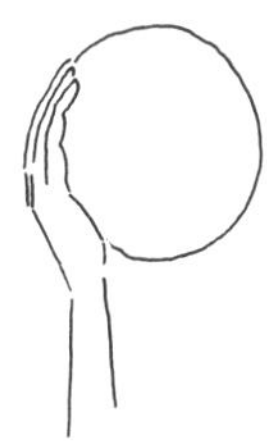

leichte Verwringung des Oberkörpers kommt es zur Bogenspannung mit Gewichtsverlagerung auf den linken Fuß.

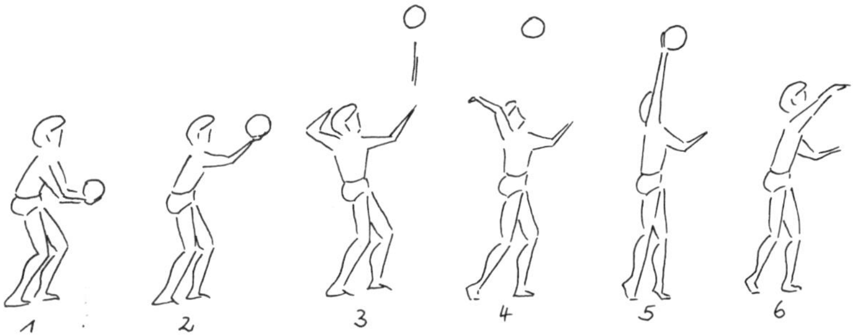

Die Schlagbewegung erfolgt durch Streckung des Körpers nach vorn-oben (3/4) sowie durch Vorbringen der Schulter. Dabei schwingt der Schlagarm dicht am Kopf vorbei. Der Spieler trifft den Ball mit gestrecktem Arm im höchsten Punkt mit der ganzen Handfläche (5). Das Gewicht verlagert sich auf den vorderen Fuß. Der Schlagarm schwingt nach vorn aus; der gesamte Körper folgt der Schlagrichtung.

Die Grobform

Für die Vermittlung der Grobform sind folgende Bewegungsdetails von Bedeutung:

- beidhändiges Anwerfen des Balles bei schulterbreiter Schrittstellung; Rechtshänder linken Fuß vor
- Zurückführen und Beugen des Schlagarmes; Körper in Bogenspannung
- Treffen des Balles im höchsten Punkt bei gestrecktem Arm mit der gesamten Handfläche
- Nachfolgen in Schlagrichtung.

Vermittlung der Aufgabe frontal von oben

Die Vermittlung geschieht ganzheitlich. Es geht im wesentlichen darum, die Schlagweite allmählich zu vergrößern.

1. Die Wand als Spielpartner

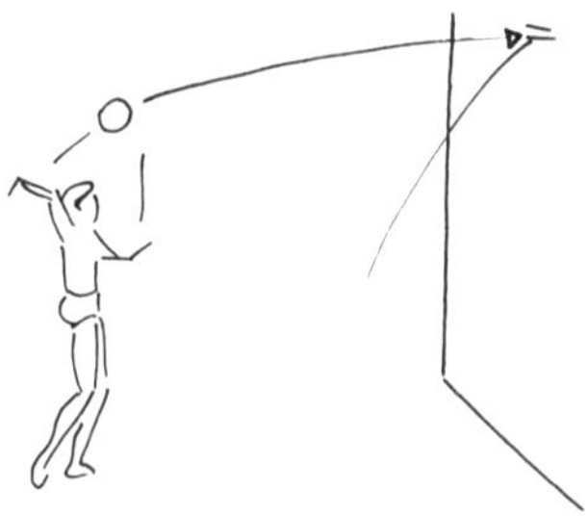

Aufgabe frontal von oben gegen eine Zielmarkierung an der Wand
- kurze Distanz

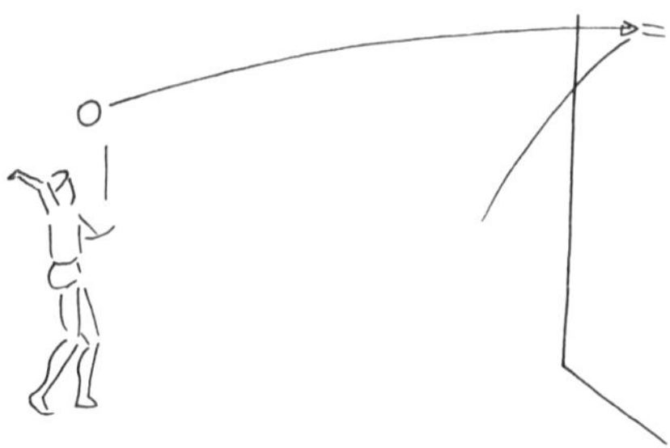

- schrittweise erweiterte Distanz

2. Paarweise hin und her

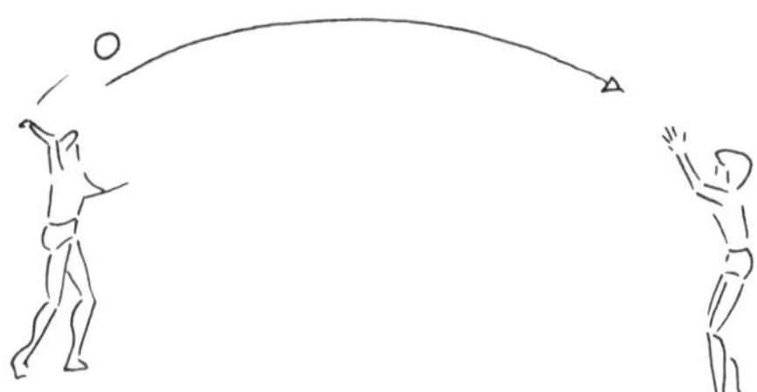

Hin und her mit wachsender Distanz

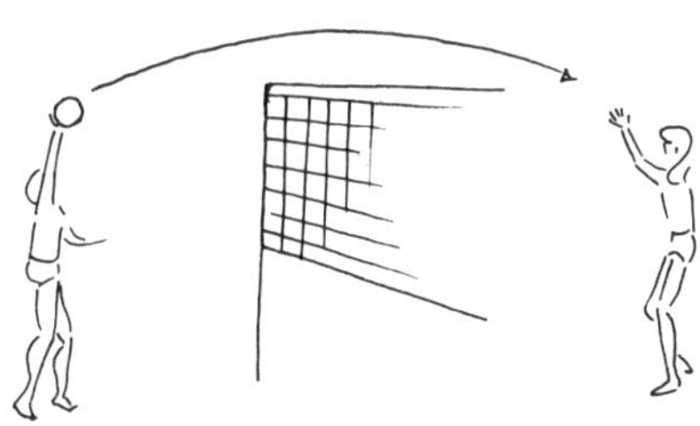

Hin und her über das Netz mit wachsender Distanz

Übungsformen für die Aufgabe frontal von oben

Die Aufgabe frontal von oben wird dann zu einem Angriffsmittel, wenn es gelingt, sie scharf und zielgenau ins gegnerische Feld zu schlagen. Das bedarf einer intensiven Übung. Bei allen Übungsformen zur Verbesserung der Aufgabe legen wir deshalb Wert darauf, daß die äußeren Spielbedingungen (Spielfeldgröße, Netzhöhe) denen des Spieles entsprechen. Nach Vertrautwerden mit den Spielfeldabmessungen wird das Thema im Zusammenhang mit der Ballannahme erneut aufgegriffen.

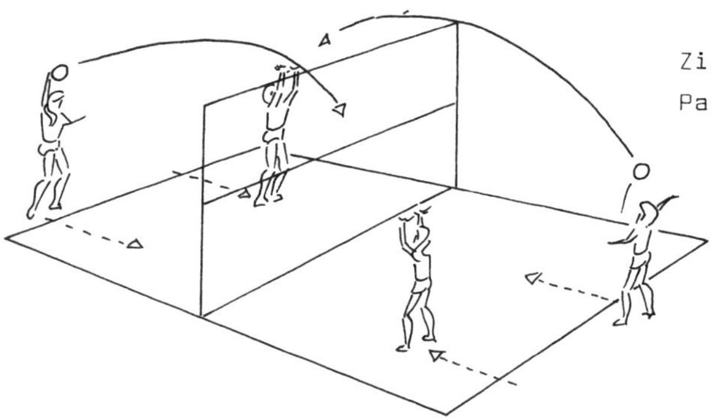

Zielgenau zum Partner

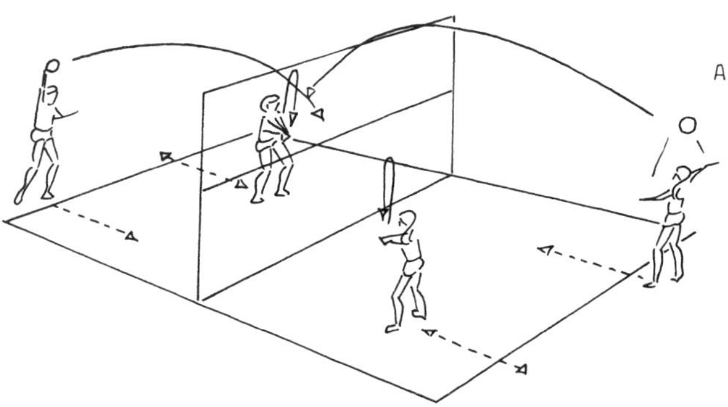

Aufgabe - Bagger-annahme

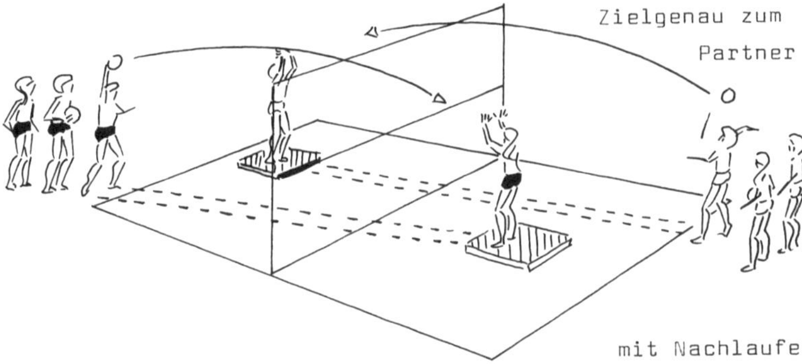

Zielgenau zum Partner

mit Nachlaufen

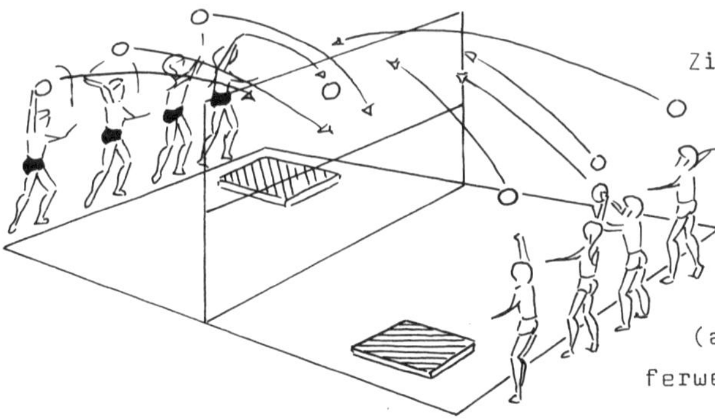

Ziel-Aufgabe

(auch als Trefferwettspiel)

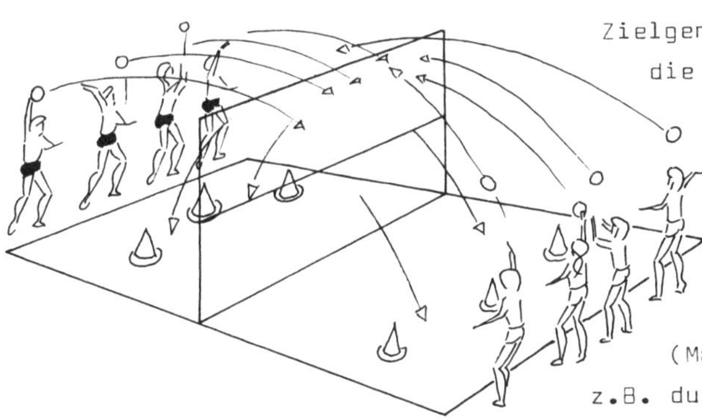

Zielgenau zwischen die Riegelpositionen

(Markierungen z.B. durch Hütchen)

Der Angriffsschlag (Schmetterschlag)

Nach den bisherigen Möglichkeiten, den Ball als Angriff über das Netz zu spielen (Pritschen im Stand/Sprung und Standschlag), kommt mit dem Angriffsschlag ein Element hinzu, das die bisherigen Techniken deutlich an Härte und Schnelligkeit übertrifft. Gleichzeitig stellt die Abwärtsrichtung des Ballfluges die verteidigende Mannschaft vor eine neue Abwehrsituation.

Stark leistungslimitierend wirkt - besonders im Anfängerbereich - die schwierige Koordination der einzelnen Phasen der Schlagbewegung (Stemmanlauf, Timing). Umfangreiche Übungsanteile, die auch immer methodische Variationen einschließen müssen, sind hier unumgänglich, damit nicht der eigentliche Sinn dieser Aktion, direkt einen Punkt zu erzielen bzw. das Aufgaberecht zurückzuerobern, durch eine Fülle von Eigenfehlern in das Gegenteil verkehrt wird. Ein Rückgriff auf bekannte und beherrschte Angriffstechniken gewährleistet häufig mehr Spielerfolg als eine (Über-)Produktion von erfolglosen bzw. auch technisch fehlerhaften Aktionen. Die für das Spiel notwendige Sicherheit im Angriffsschlag wird nur durch intensives Üben erreicht.

Erfahrungsgemäß wird anfänglich die Ausführung des Schmetterns mehr den Charakter eines Drive-Schlages haben, wobei der Ball im Bogen in das hintere Spielfeld fliegt und somit der Aufgabe von oben bzw. dem Standschlag ähnelt. Dieser noch vergleichsweise langsame Spielablauf kommt dem nach wie vor im Vordergrund stehenden Spielfluß zugute.

Die Gesamtbewegung

Der Spieler orientiert sich mit einem (zwei) Auftaktschritt(en) zum anfliegenden Ball (1). Die Umsetzung der Anlaufgeschwindigkeit in Höhe erfolgt durch einen langen, flachen Stemmschritt, bei dem betont die Ferse aufgesetzt wird (2); gleichzeitig holen beide Arme weit von hinten-oben zum Doppelarmschwung aus (2). Nach dem schulterbreiten Nachsetzen des zweiten Fußes schwingen beide Arme nach vorn und begleiten so das kräftige Abspringen von beiden Beinen (3).

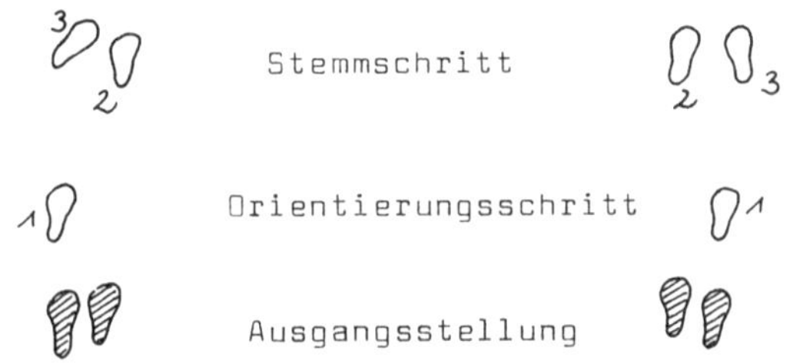

Schrittgestaltung bei einem Orientierungsschritt

Der Schlagarm holt angewinkelt hinter dem Kopf aus, während der freie Arm auf Schulterhöhe die Bewegung stabilisiert (4). Die Auflösung der so eingenommenen leichten Bogenspannung des Körpers erfolgt durch schnellkräftiges Vorbringen des Schlagarmes (4 - 6). Die Hand überdacht den Ball von hinten-oben (beim Drive mehr von hinten) bei lan-

A N G R I F F S S C H L A G

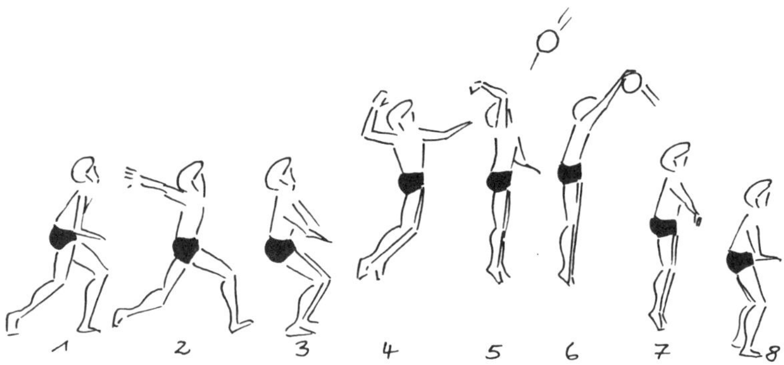

- kurzer Orientierungsschritt und langer Stemmschritt

- beidbeiniger Absprung mit kräftigem Doppelarmschwung

- Treffen des Balles im höchsten Punkt des Sprunges bei um das Ellbogengelenk gestrecktem Arm

- beidbeinige, weiche Landung

gem Arm und abschließendem aktiven Handgelenkeinsatz. Der Ball wird im höchstmöglichen Punkt getroffen. Unterstützt wird die Schlagbewegung durch ein Abknicken des Körpers in der Hüfte (6). Die Landung erfolgt in sicherer Stellung in leichter Kniebeuge weich auf beiden Füßen (8).

Die Grobform

Für die Vermittlung der Grobform sind folgende Bewegungsdetails von Bedeutung:

- beidbeiniger Absprung nach Orientierungsschritt und langem Stemmschritt
- Unterstützen des Sprunges durch kräftigen Doppelarmschwung
- Schlagen des Balles im höchsten Punkt des Sprunges bei langem Arm
- beidbeinige, weiche Landung.

Vermittlung des Angriffsschlages

Eine so schwierige Fertigkeit wie der Angriffsschlag kann nicht ganzheitlich vermittelt werden. Es kann lediglich versucht werden, die methodische Übungsreihe durch sinnvolle Teilganzheiten zu strukturieren. Für Übende unterschiedlicher Größe ist es unerläßlich, die Netzhöhe im Lern- und Übungsprozeß so einzurichten, daß jeder den Ball über das Netz schlagen kann. Bei zu großen Unterschieden müssen verschiedene Netzhöhen angeboten werden.

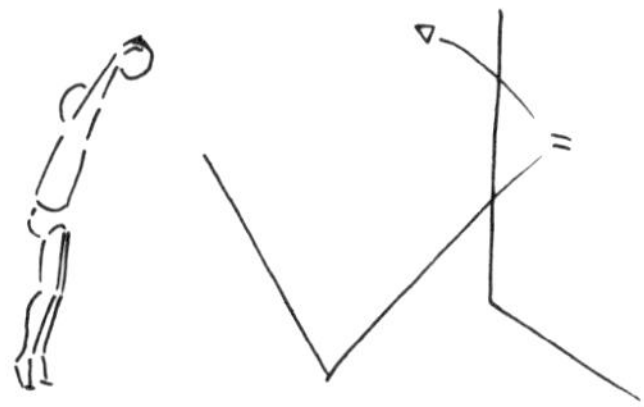

1. Schwerpunkt: Schlagen

Die Wand als Spielpartner:
Indirekter Schlag gegen die Wand

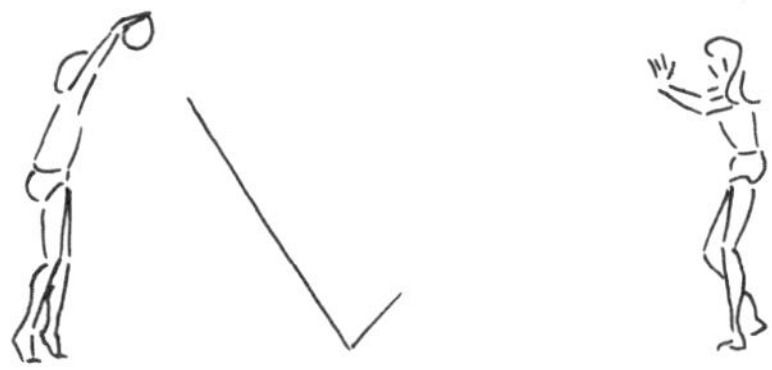

Indirekt hin und her

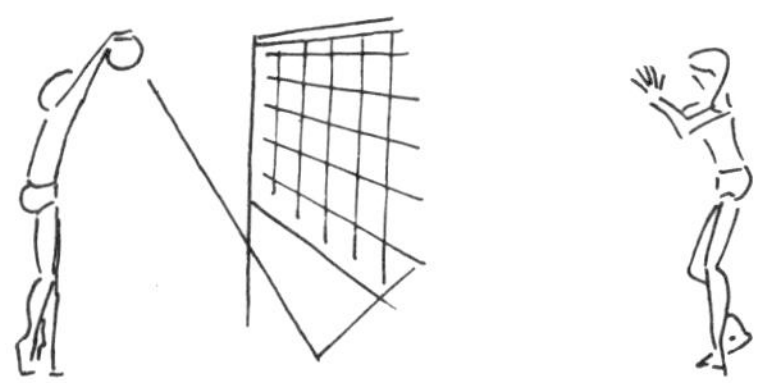

Hin und her unter dem Netz hindurch

2. Schwerpunkt:

Stemmanlauf

Schlagen des ruhenden Balles aus dem Stemmschrittanlauf (Fliese als Orientierung für den Anlauf/ Helfer mit schützendem Handschuh)

Schlagen des ruhenden Balles nach vollem Stemmanlauf (Orientierungsschritt und Stemmschritt)

Ergänzungsübungen für den Stemmanlauf

Stemmanlauf mit Schlag auf den Handrücken

Schlagen des in die Schlagbewegung angeworfenen Balles (Unterhandwurf)

Schlagwurf (z.B. Tennisball) über das Netz aus dem vollen Stemmanlauf

Ergänzungsübung für die Automatisierung des Stemmschrittes

Mehrfach nacheinander: Stemmschritt über zwei Fliesen mit Aufsprung auf einen kleinen Kasten

3.Schwerpunkt:
Timing

Schlagen hoch angeworfener Bälle (beidhändiger Unterhandwurf)

Schlagen des zugepritschten Balles

Der Abwehrbagger

Die Aufgabe von oben, vor allem aber der Angriffsschlag führt zu einer solchen Verschärfung des Balles, daß die bisherigen Annahmetechniken nicht mehr ausreichen, um die Spielsymmetrie zu erhalten. Eine angemessene Antwort gestattet der Abwehrbagger. Da es erfahrungsgemäß günstiger ist, die Richtung des Balles rechtzeitig zu erahnen und so schnell zum Ball zu starten, daß dieser mit beiden Händen abgewehrt werden kann, anstatt irgendwelche akrobatischen Abwehrleistungen zu vollführen, soll die beidhändige Abwehr an erster Stelle stehen. Die Ähnlichkeit mit dem Zuspielbagger ist nur eine scheinbare; deshalb muß auf seine Schulung besonderer Wert gelegt werden.

Die Erfolgswahrscheinlichkeit der Abwehr hängt stark von der Mannschaftsleistung in der Feldverteidigung ab. Eine erfolgreiche Abwehrhandlung mit dem Abwehrbagger ist die Voraussetzung für den Neuaufbau des eigenen Angriffs.

Die Gesamtbewegung

Der Spieler nimmt rechtzeitig seine Abwehrposition in tiefer Bereitschaftshaltung ein und beobachtet den Angreifer (1). Die Schultern werden weit nach vorn geschoben und die Arme bei Handfassung gestreckt (2). Je schneller und här-

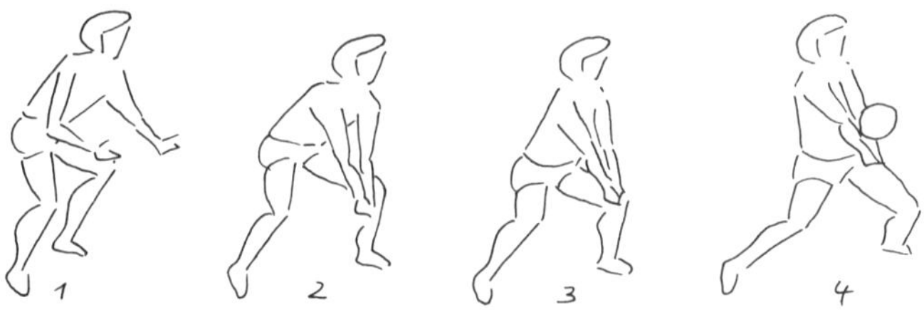

ter der Ball kommt, um so geringer ist eine Impulsgebung aus Beinen und Armen. Teilweise wird das "Spielbrett" (die nebeneinander liegenden gestreckten Arme) lediglich gegengehalten; gegebenenfalls wird der Spieler auch versuchen, den Ball durch Nachgeben zu bremsen.

Bei seitlich anfliegenden Bällen wird das Körpergewicht auf das entsprechende Bein verlagert und das "Spielbrett" nach außen gedreht. Bei der Ausrichtung der Arme zum Ball sind immer sowohl die Richtung des anfliegenden Balles als auch die Zuspielrichtung zu bedenken.

A B W E H R B A G G E R

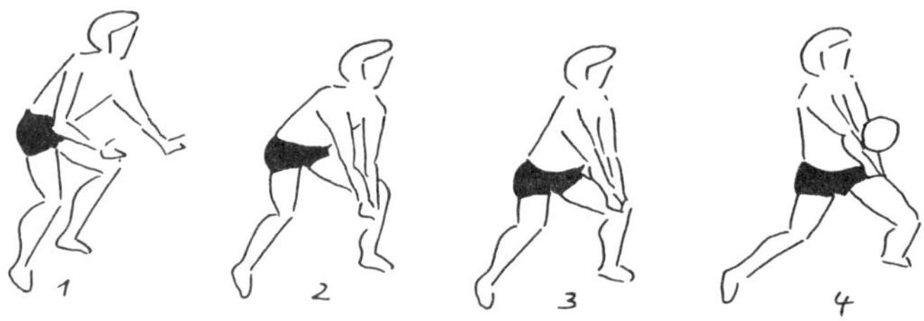

- tiefe Bereitschaftshaltung

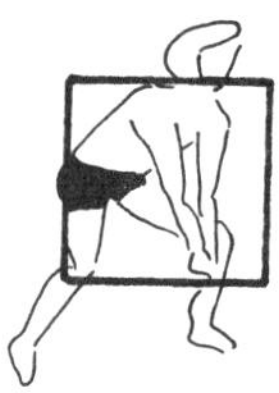

- "Spielbrett" bilden mit gestreckten Armen und nach vorn gedrückten Schultern

- je härter der Ball, desto geringer der Bein- und Armeinsatz

- bei seitlichen Bällen das "Spielbrett" nach außen drehen

Die Grobform

Für die Vermittlung der Grobform sind folgende Bewegungsdetails von Bedeutung:

- rechtzeitige Einnahme der Verteidigungsposition in tiefer Bereitschaftshaltung
- durch Vorschieben der Schultern mit den Armen ein "Spielbrett" bilden (Arme gestreckt und parallel, Handfassung)
- kaum oder keine Impulsgebung gegen den Ball
- seitlich anfliegende Bälle durch Herausdrehen des "Spielbrettes" ausgleichen.

Vermittlung des Abwehrbaggers

Voraussetzung für das Erlernen des Abwehrbaggers ist der Zuspielbagger, mit dem bis dahin in ausreichendem Maße Erfahrung gesammelt worden ist. Im Lernprozeß geht es in erster Linie darum, das Zuspiel allmählich zu verschärfen. Die Güte des Rückspiels bei scharf zugeschlagenen Bällen gibt dem Spieler eine Rückmeldung über die Angemessenheit seiner Bewegungsausführung.

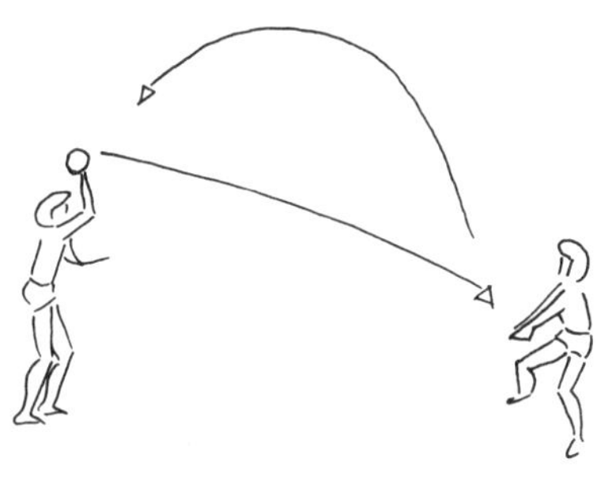

Anwerfen - Abwehrbagger (frontal, dann seitlich)

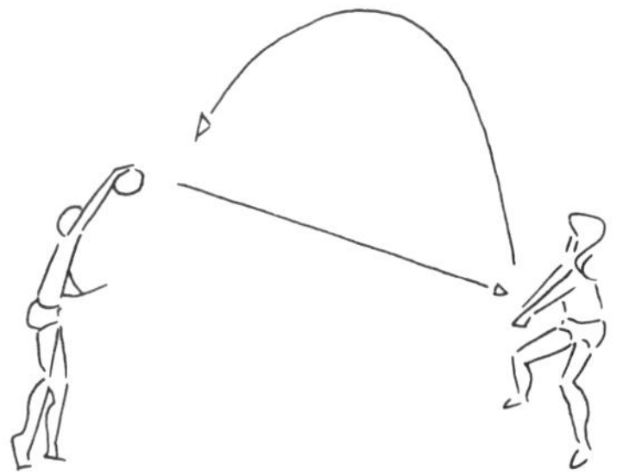

Schlagen - Abwehrbagger (frontal, dann seitlich)

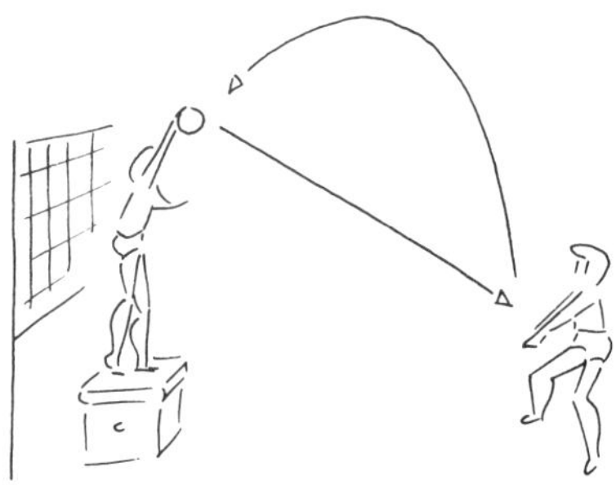

Schlagen von erhöhter Position - Abwehrbagger (Rückspiel in Richtung des Netzes)

<u>Der Einerblock</u>

Steigendes Können und Vermögen der Spieler im Angriff machen verstärkte Gegenaktionen der Verteidigung notwendig. Das geschieht am wirkungsvollsten schon direkt am Netz durch Blockbildung. Der Einerblock ist die einfachste Möglichkeit. Er bietet auf dem noch relativ schmalen Spielfeld gerade so viel Gegenwehr, daß die Symmetrie des Spiels gewahrt ist.

Die erfolgreiche Abwehrhandlung "Block" wird unmittelbar zum Angriffselement. So hat die Blockbildung Folgen für beide Mannschaften bezüglich Angriffs- und Blocksicherung.

Mit der Einführung des Blocks ist auch die Regel von Interesse, die dem Blockspieler - entgegen dem sonstigen Regelwerk - eine zweite Ballberührung direkt nach dem Blockieren erlaubt.

Die Gesamtbewegung

Der Blockspieler beobachtet etwa 50 cm vom Netz entfernt den gegnerischen Spielaufbau. Dabei ist er in Bereitschaftshaltung und hat die Hände bereits in Schulterhöhe (1). Der Absprung zum Block muß genau auf der Höhe des Angreifers erfolgen, deshalb ist vorbereitend oft eine stemmschrittähnliche Seitbewegung erforderlich. Der Spieler springt beidbeinig etwas später als der Angreifer ab und führt gleichzeitig zur Vermeidung einer Netzberührung die Arme eng am Körper hoch (2/3). Die Arme, die eine halbe Ballbreite voneinander entfernten Hände und die gespreizten Finger strecken sich dem Ball möglichst weit ins gegnerische Feld entgegen. Ein leichtes Beugen der Hüfte verhin-

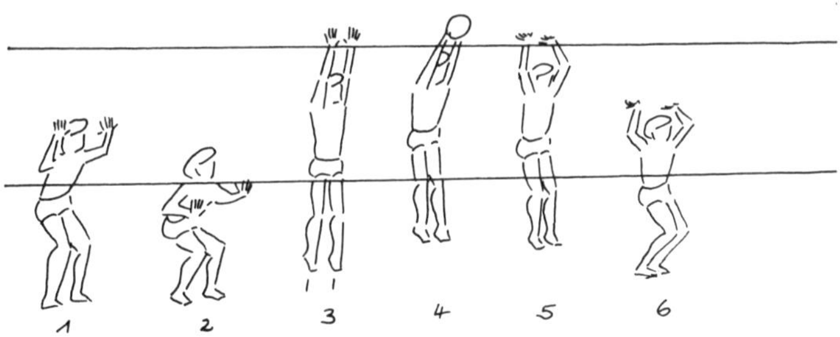

dert dabei eine Netzberührung durch den Körper (4). Die Landung erfolgt nach schneller Zurücknahme der Arme (5) und Auflösung der Hüftbeugung weich und elastisch auf beiden Beinen am Absprungort (6).

Die Grobform

Für die Vermittlung der Grobform sind folgende Bewegungsdetails von Bedeutung:

- Bereitschaftshaltung mit Händen auf Schulterhöhe, Orientierung zum Absprungort

E I N E R B L O C K

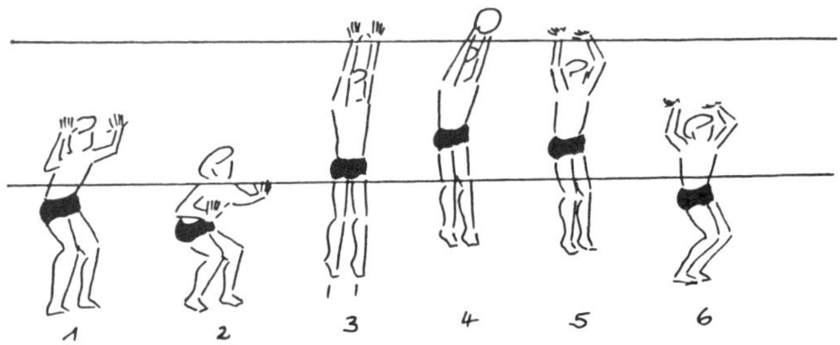

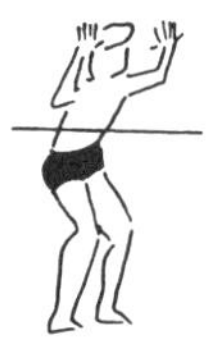

- Bereitschaftshaltung mit schulterhohen Händen etwa 50cm vom Netz entfernt

- Absprung aus mittlerer bis tiefer Stellung etwas später als der Angreifer

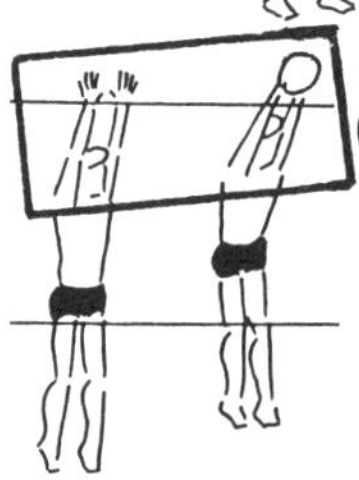

- Arme und Hände eng am Körper zum Ball führen

- unter Zurücknahme der Arme beidbeinig, weich landen

- Absprung aus mittlerer bis tiefer Stellung etwas später als der Angreifer
- Arme und Hände eng am Körper zum Ball führen, Hände eine halbe Ballbreite voneinander entfernt
- aktiver Handgelenkeinsatz mit gespreizten Fingern
- unter Zurücknehmen der Hände beidbeinig weich landen.

Vermittlung des Einerblocks

Die Technik des Blockierens ist schnell in der Grobform gelernt. Schwierigkeiten bereitet allerdings das Timing, die zeitliche Abstimmung der Bewegung auf den fliegenden Ball und auf den Angreifer. Hierfür ist ein umfangreiches Übungsprogramm notwendig.

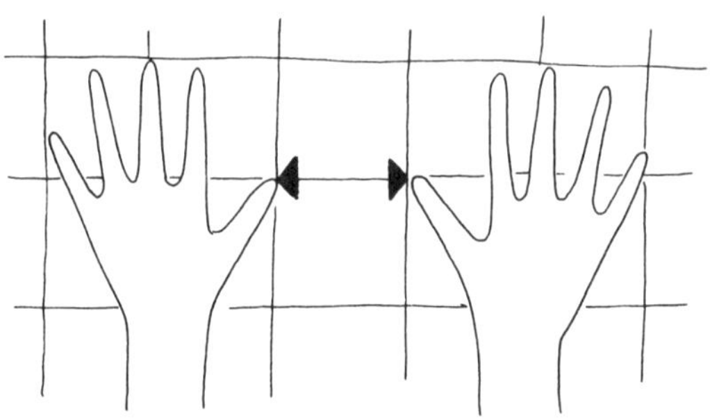

"Netzkontrolle": Der Spieler steht in einem Abstand von einem halben Meter vom Netz entfernt. Die Hände haben beim Block den richtigen Abstand, wenn zwischen den beiden Daumen gerade eine Maschenbreite Platz ist.

1.Schwerpunkt: Beinarbeit und Absprung

Einerblock aus dem Stand am ruhenden Ball

Einerblock nach Seitbewegung am ruhenden Ball

Einerblock gegen aufsteigenden Ball
(beidhändiger Unterhandwurf)

2.Schwerpunkt: Timing

Einerblock gegen von frontaler Position hoch angeworfenen Ball aus dem Stand

Einerblock gegen von frontaler Position hoch angeworfenen Ball nach Seitbewegung (zu beiden Seiten)

Einerblock gegen den parallel zum Netz zugespielten Ball

(werfen oder pritschen)

Spielform 3: "Vier gegen vier mit erweitertem technischen Repertoire"

Spielfeldgröße: 8 × 12m

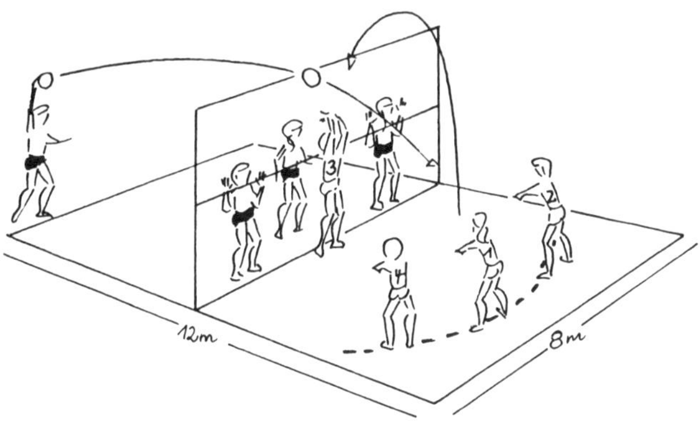

Zielvorstellung

Mit der Einführung des Angriffsschlages ändert sich der Charakter des Spiels. Die Ähnlichkeit mit den technischen und taktischen Anforderungen des Großen Spiels bezieht sich jetzt nicht mehr nur auf die Riegelaufstellung bei der

Ballannahme, sondern auch auf das mannschaftstaktische Verhalten bei eigenem und gegnerischem Angriff. Der Angriffsschlag und der zur Aufrechterhaltung der Symmetrie notwendige Einerblock ziehen bestimmte mannschaftstaktische Verhaltensregeln nach sich (Angriffssicherung, Blocksicherung, Feldverteidigung), deren Einführungen an dieser Stelle dringend notwendig sind.

<u>Spielregeln</u>

Nur die aufgebende Mannschaft kann Punkte, die annehmende Mannschaft dagegen lediglich das Aufgaberecht gewinnen. In letzterem Falle wechseln die Spieler der Mannschaft ihre Position im Uhrzeigersinn. Der Spieler auf der Pos. 1 führt die Aufgabe aus.

Der Ball darf von einer Mannschaft im Normalfall höchstens dreimal gespielt werden. Bis auf den Blockspieler darf kein Spieler den Ball zweimal direkt nacheinander spielen. Der Spieler auf der Pos.1 darf nicht aus dem Vorderfeld angreifen.

Fehler sind:

Netzberührung ("Netz!")
- durch den Ball bei der Aufgabe
- durch einen Spieler

Ball berührt den Boden außerhalb des Spielfeldes ("Aus!")

Ball berührt den Boden innerhalb des Spielfeldes ("Im Feld!")

gehaltener Ball (fehlerhafte Ausführung beim Pritschen, Baggern oder Angriffsschlag)("Geführt!")

Eindringen in die gegnerische Spielfeldhälfte oder Übertritt bei der Aufgabe ("Übertritt!")

vier Ballberührungen ("Viermal!")

Angriff des Hinterspielers aus dem vorderen Spielfeldbereich ("Hinterspieler!")

gleichzeitiger Fehler zweier gegnerischer Spieler ("Doppelfehler!")

Die Aufgabe wird wiederholt.

Taktische Grundregeln

Schwerpunkt ist die Mannschaftstaktik. Neben den schon herausgestellten Regeln für die Ballannahme im Dreierriegel und das Herausstellen des Balles (vgl. Spielform 2) liegt das Schwergewicht auf dem Verhalten bei eigener Aufgabe sowie bei eigenem und gegnerischem Angriff.

Verhalten bei eigener Aufgabe. Während die gegnerische Mannschaft die Aufgabe im Dreierriegel erwartet und den Angriff über das Anspielzentrum aufbaut, nehmen die Vorderspieler der aufgebenden Mannschaft (Pos. 2, 3, 4) ihre Positionen dicht am Netz ein, um einen Block gegen die Angriffsaktion bilden zu können.

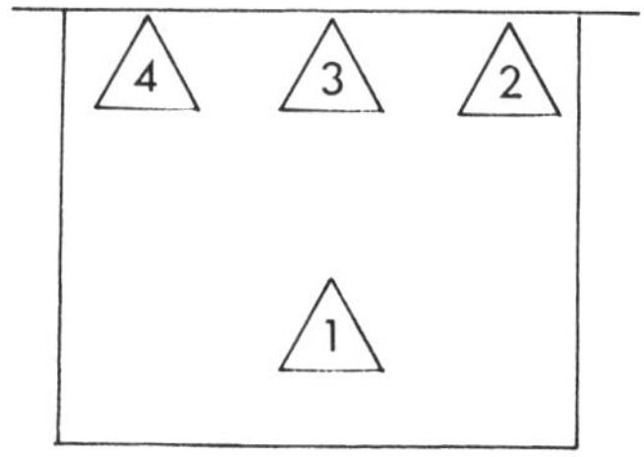

Verhalten bei gegnerischem Angriff. Bei gegnerischem Angriff wird vom direkten Gegenspieler am Netz ein Einerblock gebildet. Die drei anderen Spieler übernehmen die Blocksicherung. Wir unterscheiden dabei eine Nahsicherung und eine Fernsicherung. Hinsichtlich ihrer Ausführung sind zwei Möglichkeiten gegeben.

1. Die Nahsicherung wird bei jedem gegnerischen Angriff über die Außenpositionen vom Stellspieler auf der Pos. 3 übernommen. Er rückt seitlich eng hinter den Blockspieler und nimmt eine tiefe Bereitschaftshaltung ein. Die Fernsicherung wird auf einem zweiten Sicherungskreis von den anderen beiden Spielern übernommen. Das sind bei Blockbildung auf der rechten Netzseite die Spieler auf den Positionen 1 und 4 und bei Blockbildung auf der linken Netzseite die Spieler auf den Positionen 1 und 2 jeweils in mittlerer Spielstellung.

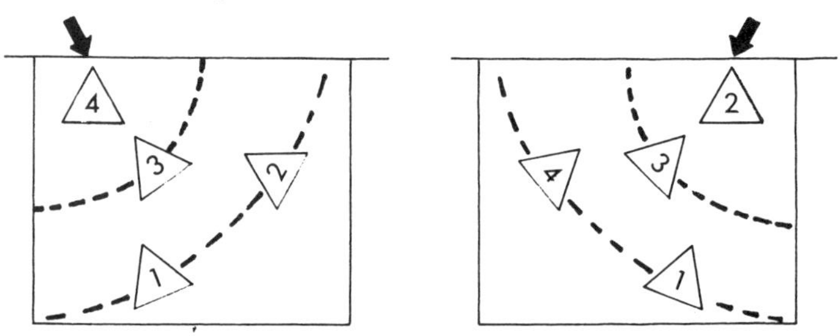

2. Die Nahsicherung wird auf dem inneren Sicherungskreis von zwei Spielern übernommen, vom Stellspieler und dem nicht am Block beteiligten Vorderspieler. Die Fernsicherung

übernimmt allein der Hinterspieler auf der Pos. 1.

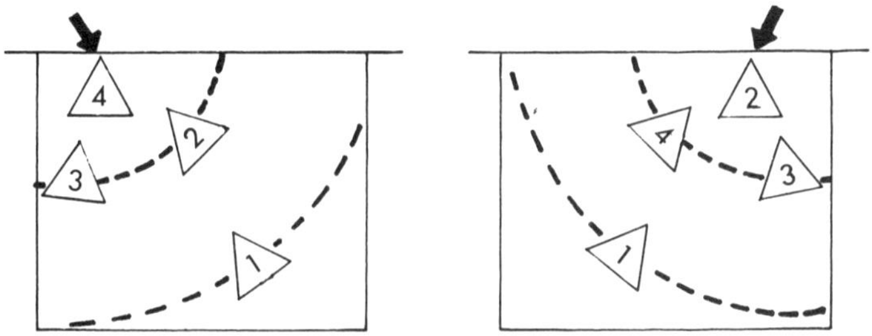

Verhalten bei eigenem Angriff. Bei eigenem Angriff von einem der Vorderspieler auf den Außenpositionen (Pos. 2, 4) wird von den anderen Spielern eine Angriffssicherung gestellt. Wie bei der Blocksicherung unterscheiden wir Nah- und Fernsicherung in den schon beschriebenen Formen.

Die unterschiedlichen Aufgaben im mannschaftstaktischen Konzept verlangen ein abgestimmtes individual-taktisches Verhalten.

Für den Angreifer sind folgende Handlungsanweisungen von Bedeutung:

- Löse dich rechtzeitig vom Netz und nimm deine Anlaufposition ein!
- Schlage den Ball vor allem sicher über das Netz!
- Bälle, die zu nah ans Netz gestellt sind, im Notfall (im Sprung) pritschen, nicht hart schlagen!

Für den Blockspieler gilt:

- Halte dich nah am Netz auf, die Hände schon in Schulterhöhe!
- Versuche rechtzeitig zu erkennen, von wo der Angriff erfolgt!
- Löse dich vom Netz, wenn kein Angriffsschlag erfolgt!
- Bewege dich schnell zum Ort des Angriffs (Ball)!
- Springe erst nach dem Angreifer ab!

- Orientiere dich nach dem Block sofort wieder zum eigenen Spielfeld!

Für den (die) Spieler in der Sicherung gilt:

- Beobachte aufmerksam Ball, Angreifer und Block!
- Nimm schnell deine Sicherungsposition ein!
- Sichere in tiefer Bereitschaftshaltung!
- In der Verteidigung: Nicht in den Blockschatten!
- Versuche, möglichst jeden Ball zu erreichen!

Analyse der Spielanforderungen

Die Anforderungen bei der Ballannahme mit Dreierriegel und beim Herausstellen sind im Zusammenhang mit Spielform 2 ausführlich beschrieben und dementsprechend eine Reihe spielgemäßer Übungsformen entwickelt worden. Von besonderem Interesse sind ergänzend die Anforderungen beim Angriff, beim Block und bei der Feldverteidigung.

Angreifen

Beim Angriff sind folgende Grundsituationen zu unterscheiden:

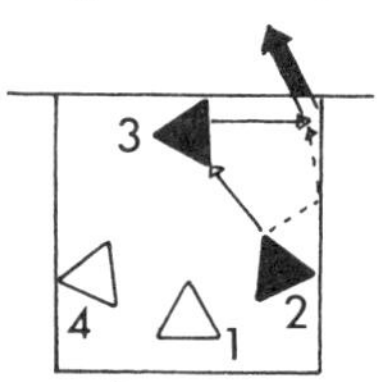

- Ballannahme und Angriff durch den Spieler auf der Pos.2 (zwei Handlungen)

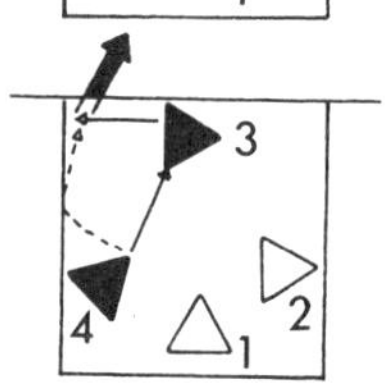

- Ballannahme und Angriff durch den Spieler auf der Pos.4 (zwei Handlungen)

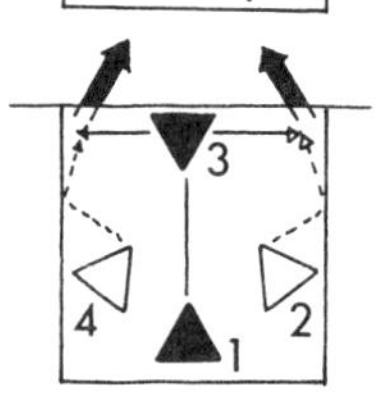

- Ballannahme in der Spielfeldmitte und Angriff von der linken oder rechten Spielfeldseite (Verständigung - zwei Angreifer möglich)

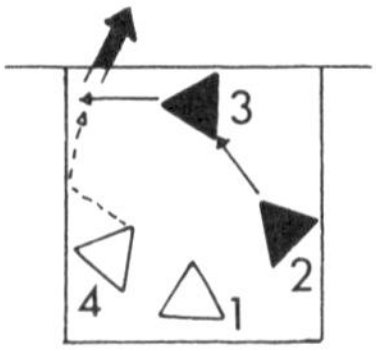

- Ballannahme vom rechten Riegelspieler und Angriff vom Spieler auf der Pos.4 nach Zuspiel mit Pritschen rückwärts (Verständigung)

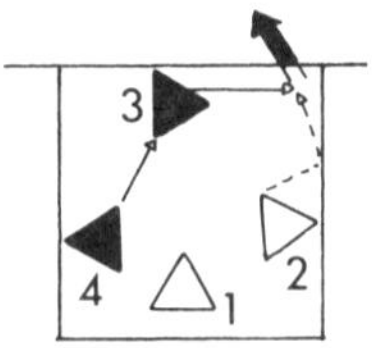

- Ballannahme vom linken Riegelspieler und Angriff vom Spieler auf der Pos.2 nach Zuspiel mit Pritschen rückwärts (Verständigung)

Blockieren

Beim Blockieren kommt es im wesentlichen zu zwei Grundsituationen:

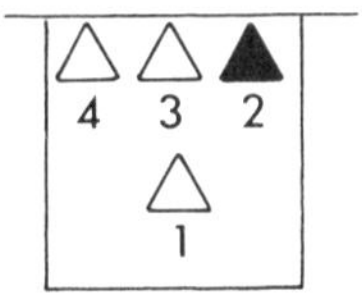

- Block des Spielers auf der Pos.2 gegen einen Angriff des gegnerischen Spielers auf der Pos.4

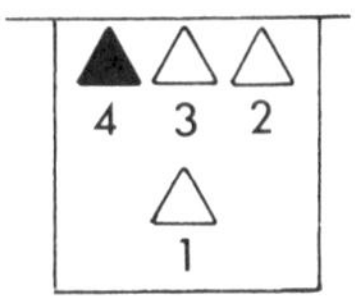

- Block des Spielers auf der Pos.4 gegen einen Angriff des gegnerischen Spielers auf der Pos.2

Angriffs- und Blocksicherung

Hier kommt es -je nach bevorzugter Sicherungsart- zu folgenden Grundsituationen mit je zwei Sicherungskreisen:

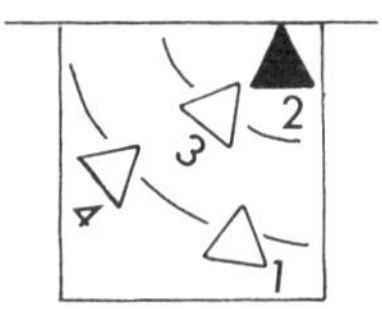

- Sicherung bei Angriff oder Block auf Pos.2: ein Spieler (Pos.3) in der Nahsicherung, zwei Spieler (Pos.4 und 1) in der Fernsicherung

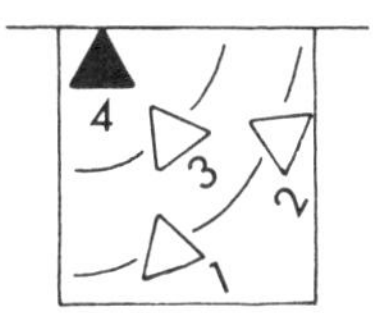

- Sicherung bei Angriff oder Block auf Pos.4: ein Spieler (Pos.3) in der Nahsicherung, zwei Spieler (Pos.2 und 1) in der Fernsicherung

SPIELFORM 3: "VIER GEGEN VIER MIT ERWEITERTEM TECHNISCHEN REPERTOIRE"

R E G E L N :

"Punkt!" oder "Aufgabewechsel!"

"Netz!"

"Aus!"

"Im Feld!"

"Übertritt!"

"Geführt!"

"Doppelfehler!"

"Viermal!"

"Hinterspieler-Angriff!"

SPIELFORM 3: "VIER GEGEN VIER MIT ERWEITERTEM TECHNISCHEN REPERTOIRE"

T A K T I K

Für den Angreifer:

- Rechtzeitig die Anlaufposition einnehmen!
- Vor allem sicher über das Netz schlagen!
- Im Notfall pritschen, nicht hart schlagen!

Für den Blockspieler:

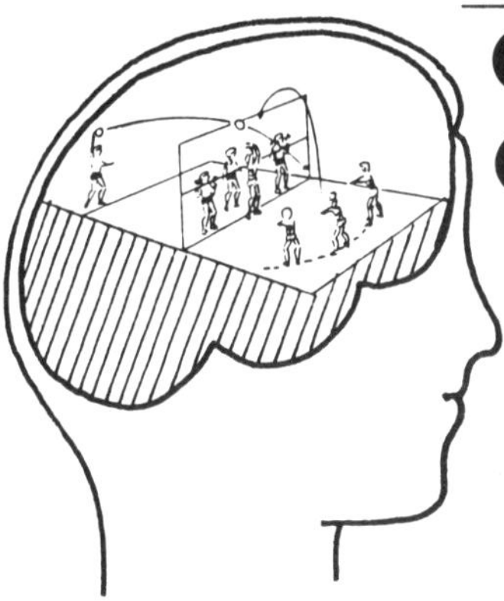

- Eng am Netz stehen, Hände schon in Schulterhöhe!
- Rechtzeitig den Ort des Angriffs erahnen!
- Weg vom Netz, wenn kein Angriffsschlag erfolgt!
- Schnell hin zum Ort des Angriffs!
- Erst nach dem Angreifer abspringen!
- Nach dem Block sofort zum eigenen Spielfeld orientieren!

Für die Spieler in der Sicherung:

- In tiefer Bereitschaftshaltung sichern!
- Möglichst jeden Ball erreichen!
- In der Verteidigung: Nicht in den Blockschatten!

oder

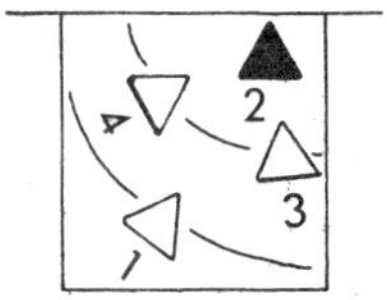

- Sicherung bei Angriff oder Block auf Pos.2: zwei Spieler in der Nahsicherung (Pos.3 und 4), ein Spieler in der Fernsicherung (Pos.1)

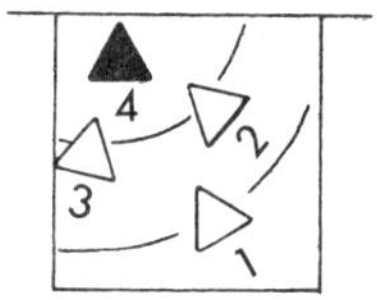

- Sicherung bei Angriff oder Block auf Pos.4: zwei Spieler in der Nahsicherung (Pos.3 und 2), ein Spieler in der Fernsicherung

Das Angriffsspiel im koedukativen Unterricht

Mit der Einführung des Angriffsschlages in das Spiel muß man sich über die Netzhöhe Gedanken machen. Da jeder Spieler die Möglichkeit zum Angriff bekommen soll, ist das Netz so einzurichten, daß auch der kleinste und sprungschwächste Spieler die Netzoberkante im Sprung mit den Handgelenken erreichen kann. So wird ihm eine Beteiligung am Angriff und auch am Block ermöglicht.

Bei einigermaßen homogenen Gruppen bereitet das keine Schwierigkeiten. Diese treten erfahrungsgemäß aber im koedukativen Unterricht auf, wenn die Sprunghöhen von Mädchen und Jungen so sehr differieren, daß eine einheitliche Netzhöhe -eingerichtet nach obigem Vorschlag- nicht ratsam ist. Eine akzeptable Lösung bietet ein schräg gespanntes Netz. Der tiefste Punkt wird von den Mädchen, der höchste von den Jungen eingemessen. Gespielt wird in der Weise, daß die Mädchen nur an der tiefen Seite des Netzes eingesetzt werden und auch nur dort ihre Positionen wechseln, während die Jungen nur an der hohen Netzseite spielen.

Auf der Abbildung besetzen die Mädchen in einem Feld die Positionen 1 und 2 und im anderen Feld die Positionen 3 und 4. Bei Aufgabegewinn wird nur in diesen Positionen gewechselt, d.h. die Spielerin auf Pos.3 tauscht mit der Spielerin auf Pos.4 den Platz. Ebenso tauschen die Jungen

die Plätze. So wird sichergestellt, daß trotz der Einschränkung alle Funktionen in der Abwehr und im Angriff übernommen werden können.

Übungsformen zur Verbesserung der Spielfähigkeit

Übungsformen zur Verbesserung der Spielfähigkeit umfassen alle Grundsituationen des Spiels: die Ballannahme, das Herausstellen, den Angriff, den Block und die Feldverteidigung. Für die Ballannahme und für das Herausstellen sind im Zusammenhang mit der Spielform 2 eine Vielzahl von Vorschlägen gemacht worden, die auch hier ihre Bedeutung haben (vgl. S.77). Einziger Unterschied ist, daß mit der Aufgabe von oben eine deutliche Verschärfung des Spiels erreicht werden kann.

Schwerpunktmäßig sollen im folgenden die neuen Elemente des Spiels behandelt werden: der Angriff, der Block und die Feldverteidigung.

Übungsformen für den Angriffsschlag

Wie beim Spiel, so ist auch bei den Übungsformen die Netzhöhe von besonderer Bedeutung. Es hat wenig Sinn, von einem Spieler einen Angriffsschlag zu verlangen, wenn dieser nicht in der Lage ist, die Hand im Sprung über die Netzhöhe zu bekommen. Deshalb ist es notwendig, die Netzhöhe nach dem kleinsten bzw. sprungschwächsten Spieler auszurichten oder das Netz sogar schräg zu spannen.

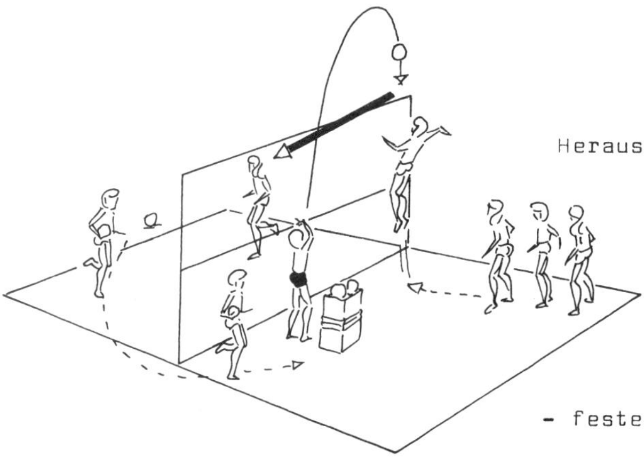

Herausstellen - Angreifen auf beiden Außenpositionen

- fester Zuspieler

Herausstellen nach Zuspiel - Angreifen auf beiden Außenpositionen

- fester Zuspieler

Herausstellen des aus dem Hinterfeld zugespielten Balles - Angreifen

(beide Außenpositionen)

- fester Zuspieler und Stellspieler

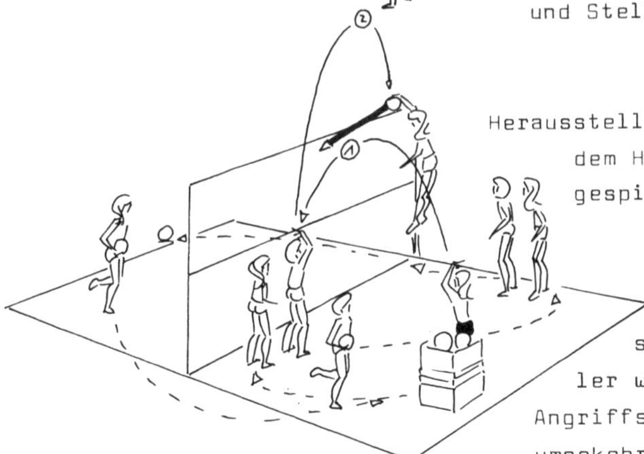

Herausstellen des aus dem Hinterfeld zugespielten Balles - Angreifen mit Positionswechsel: Stellspieler wechselt auf Angriffsposition und umgekehrt

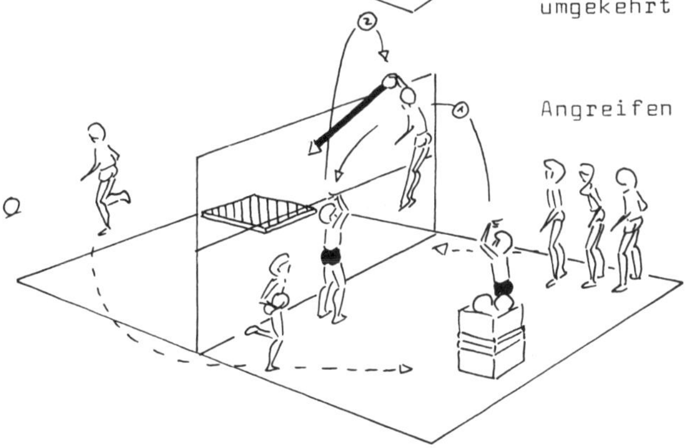

Angreifen auf ein Ziel

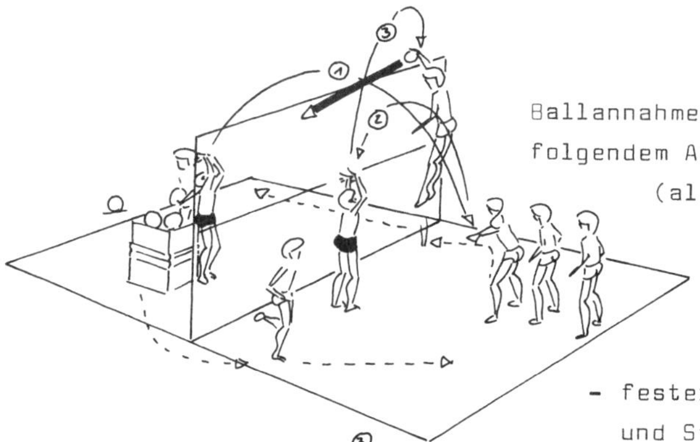

Ballannahme mit nachfolgendem Angriff (alle Riegelpositionen)

- fester Zuspieler und Stellspieler

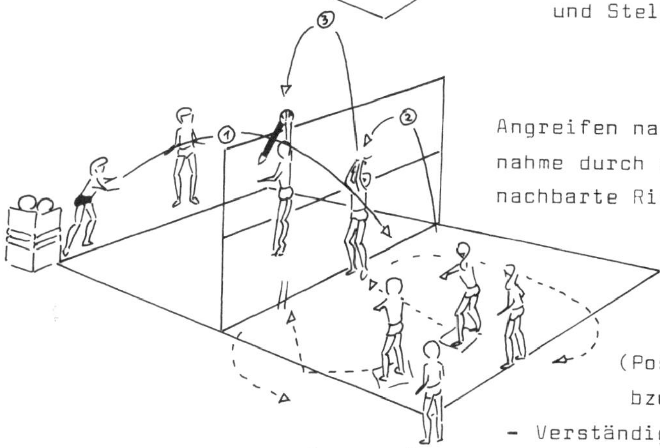

Angreifen nach Ballannahme durch zwei benachbarte Riegelspieler (Pos.4 und 1 bzw. 2 und 1)

- Verständigung

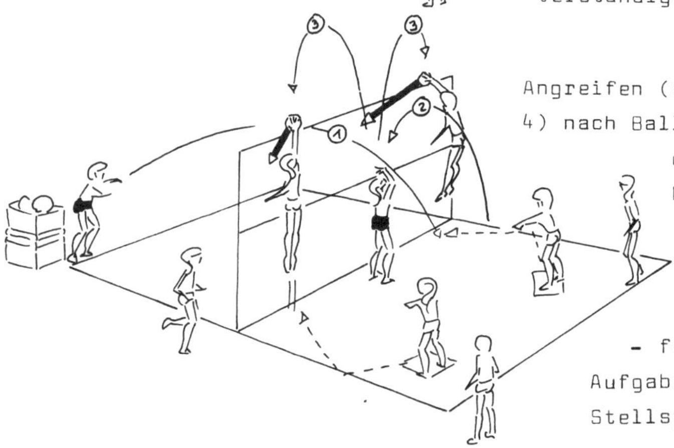

Angreifen (Pos.2 oder 4) nach Ballannahme durch die beiden äußeren Riegelspieler

- fester Aufgabe- und Stellspieler

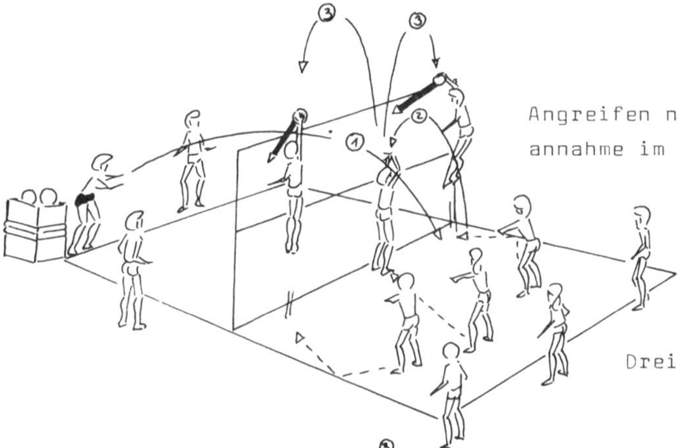

Angreifen nach Ballannahme im Dreierriegel im Wechsel von mehreren Dreierriegeln

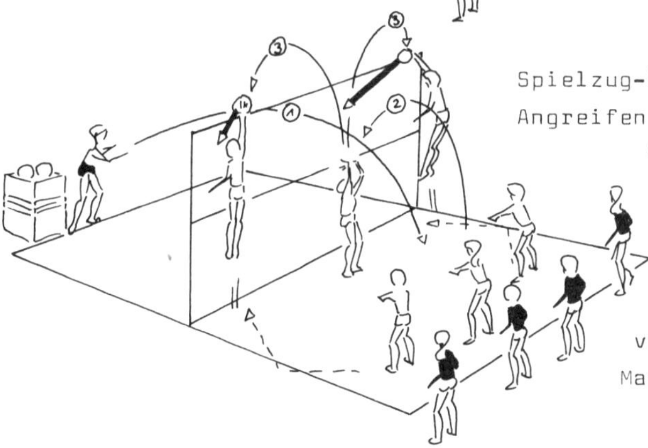

Spielzug-Übung: Angreifen (Pos.2 oder 4) nach Ballannahme im Dreierriegel im Wechsel von mehreren Mannschaften

Übungsformen für den Block

Wie beim Angriffsschlag, so ist auch beim Block die Netzhöhe so einzurichten, daß jeder Spieler im Sprung mit den Händen frei über die Netzoberkante reichen kann.

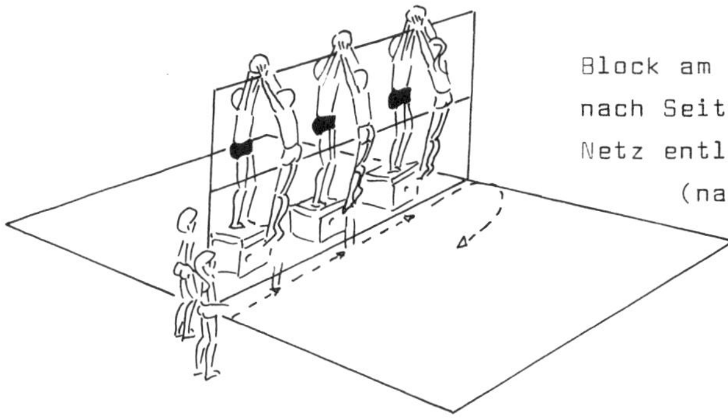

Block am ruhenden Ball nach Seitbewegung am Netz entlang (nach links und nach rechts)

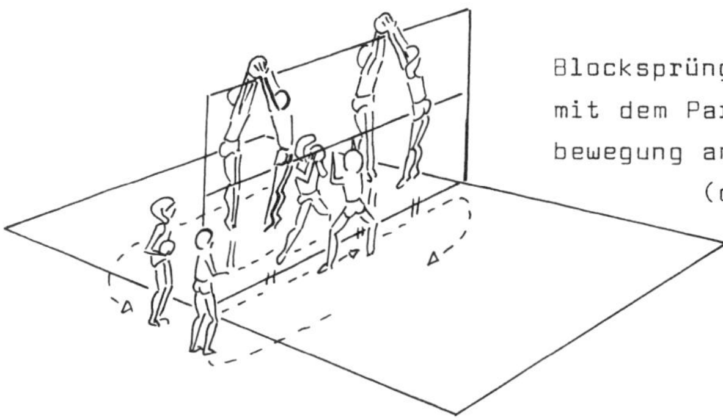

Blocksprünge synchron mit dem Partner nach Seitbewegung am Netz entlang (ohne und mit Ballübergeben)

Einerblock aus dem seitlichen Stemmschritt im Wechsel nach links und rechts

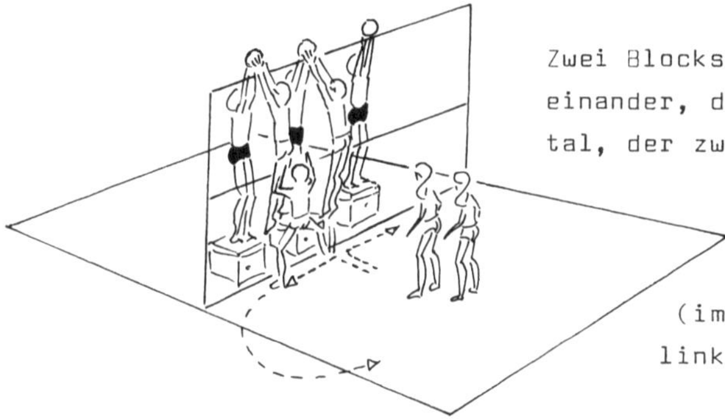

Zwei Blocksprunge nacheinander, der erste frontal, der zweite nach Seitbewegung

(im Wechsel nach links und rechts)

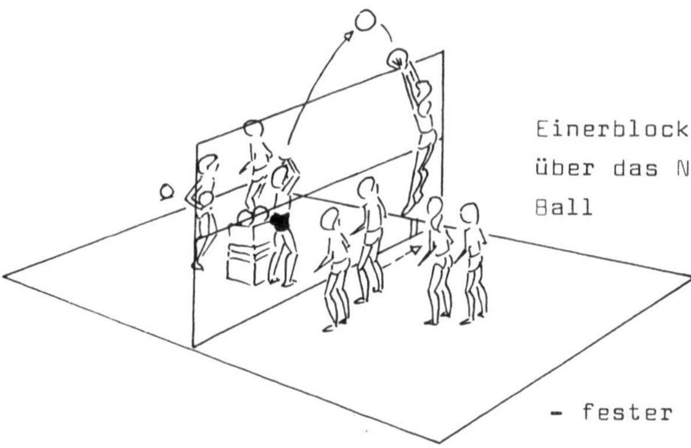

Einerblock gegen den über das Netz gespielten Ball

- fester Zuspieler

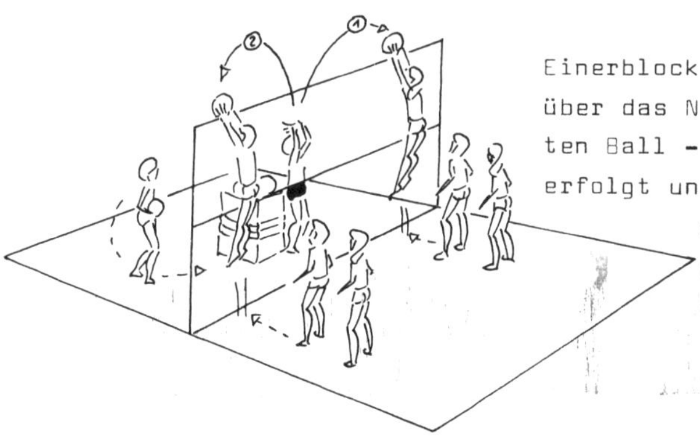

Einerblock gegen den über das Netz zugespielten Ball - das Zuspiel erfolgt unregelmäßig mal nach links, mal nach rechts

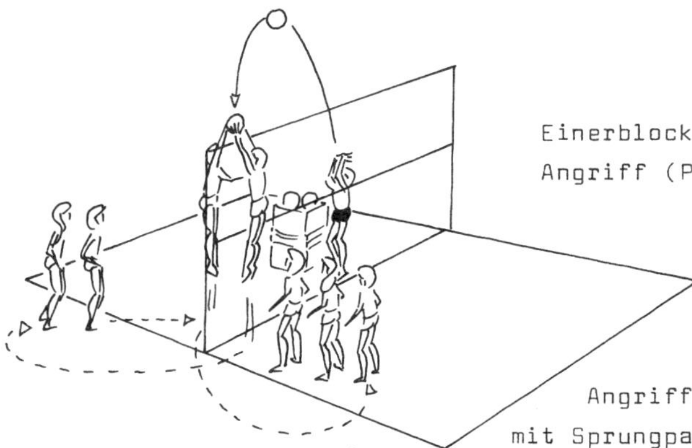

Einerblock gegen Angriff (Pos. 2 und 4)

Angriff zunächst mit Sprungpaß, dann mit Angriffsschlag

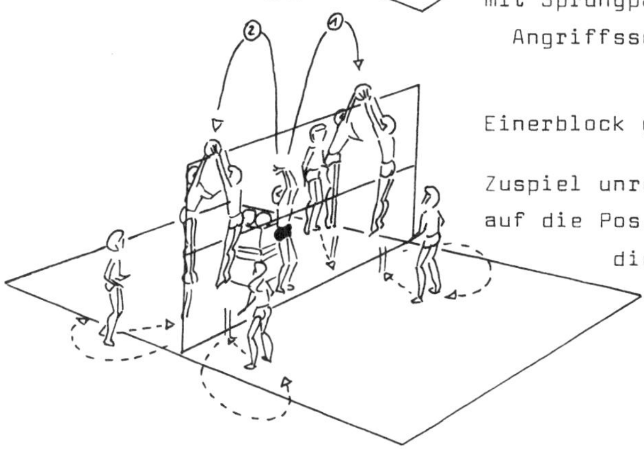

Einerblock gegen Angriff

Zuspiel unregelmäßig mal auf die Pos.2, mal auf die Pos.4

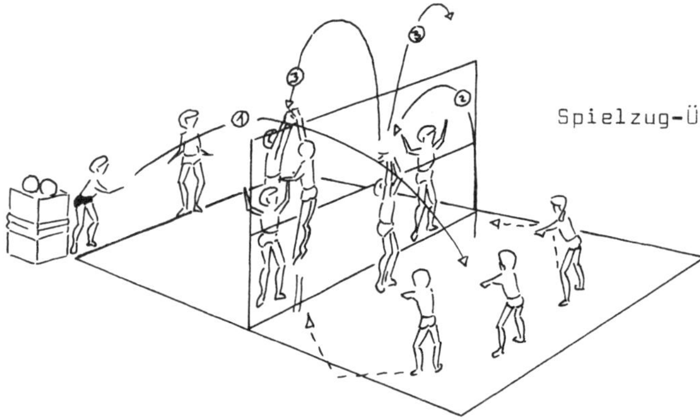

Spielzug-Übung

Übungsformen für die Feldverteidigung

Die Feldverteidigung umfaßt Angriffs- und Blocksicherung. Sie ist eine Mannschaftsleistung, die nur dann erfüllt werden kann, wenn jeder Spieler den taktisch günstigsten Platz einnimmt. Aufmerksamkeit und gutes Stellungsspiel, auch wenn man den Ball nicht gespielt hat, sind die wesentlichen Voraussetzungen. Von den Spielern, die den Ball gespielt haben, werden Folgehandlungen erwartet (Einrücken auf die Sicherungsposition). Die mannschaftstaktische Aufgabe im Stellungsspiel bei eigenem bzw. gegnerischem Angriff steht im Mittelpunkt des Übungskomplexes.

Je nachdem, ob Aufgaben in der Nah- oder Fernsicherung übernommen werden, sind im technischen Bereich die Abwehr kurzer, weicher Bälle bzw. die Abwehr scharfer, harter Bälle zu unterscheiden.

Zuspiel mit Nachfolgehandlung: Nahsicherung

Vor und zurück mit festem Zuspieler

Zuspiel im Dreieck mit Nachfolgehandlung: Nahsicherung

Vor und zurück

Einnahme der Feldverteidigungsposition bei Einerblockbildung gegen einen am Netz wandernden Ball

(2:1- oder 1:2-Sicherung)

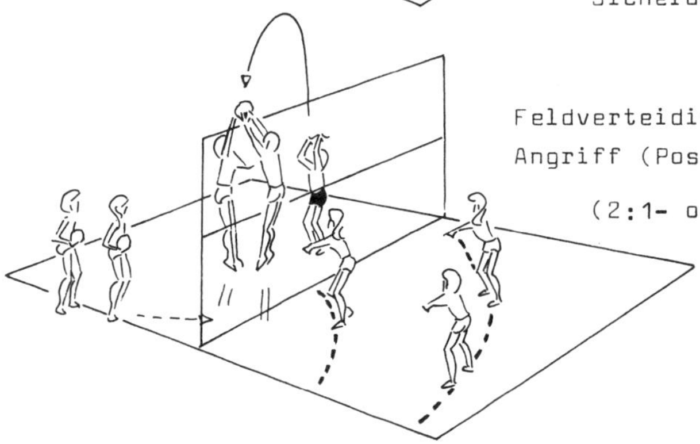

Feldverteidigung gegen Angriff (Pos. 2 und 4)

(2:1- oder 1:2-Sicherung)

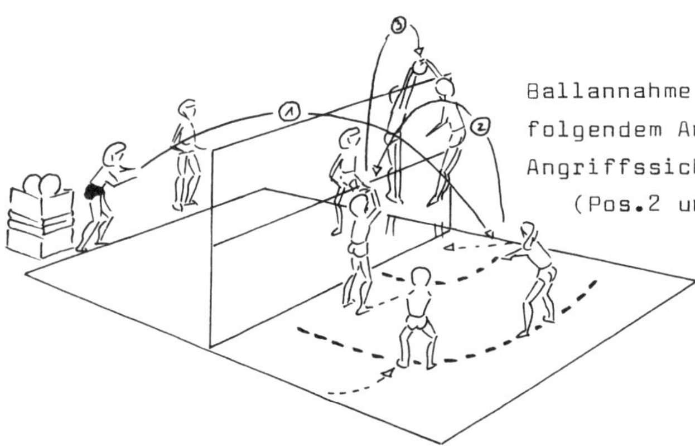

Ballannahme mit nachfolgendem Angriff und Angriffssicherung (Pos.2 und 4)

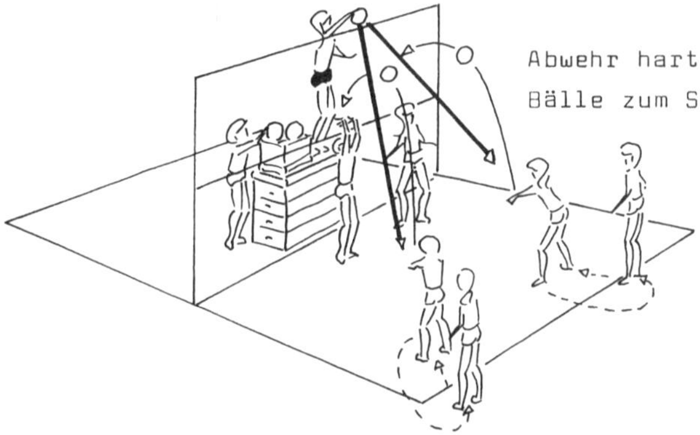

Abwehr hart geschlagener Bälle zum Stellspieler

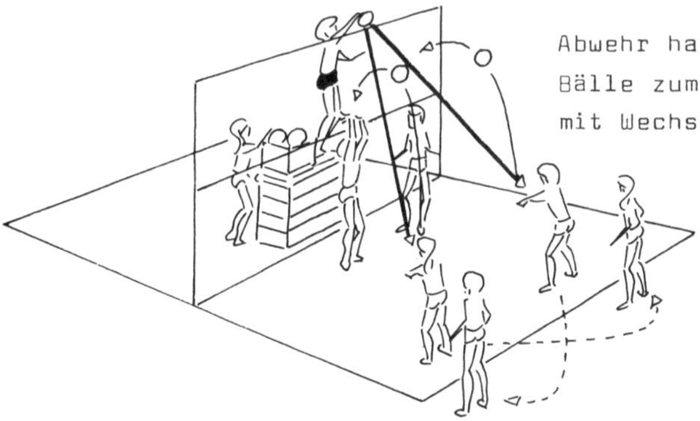

Abwehr hart geschlagener Bälle zum Stellspieler mit Wechsel der Abwehrpositionen

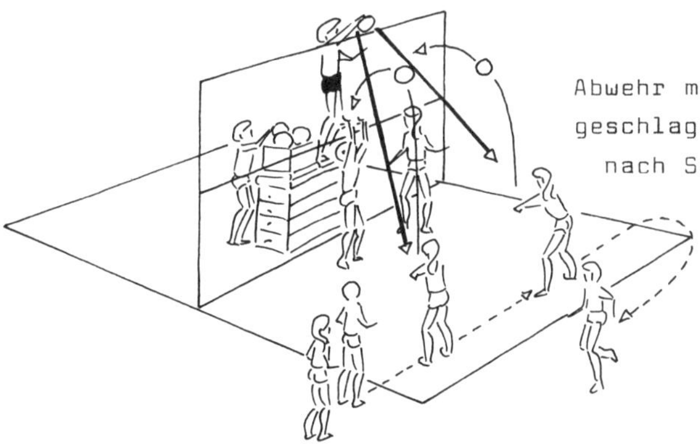

Abwehr mehrerer hart geschlagener Bälle nach Seitbewegung durch das Hinterfeld

Der Doppelblock

Wenn das Zuspiel sicherer und die Angriffsleistungen erfolgreicher werden, so daß der Einerblock zur Abwehr der Angriffsschläge nicht mehr ausreicht, müssen die Abwehrmöglichkeiten verbessert werden, um die Symmetrie des Spiels zu erhalten. Der Doppelblock ist dafür das geeignete Mittel.

Gesamtbewegung

Die Gesamtbewegung gliedert sich in drei Phasen: die Abstimmung der beteiligten Spieler über den Ort des Blockierens mit Seitbewegung des Spielers auf Pos. 3, den Absprung mit Blockbildung und die Landung.

Die Entscheidung über den Ort des Blockierens trifft der äußere Netzspieler (Pos. 2 bzw. 4). Er nimmt seine Position direkt vor dem Angreifer ein. Der innere Netzspieler schließt mit schnellen Schritten parallel zum Netz zum Außenspieler auf. Für die Schrittgestaltung werden unterschiedliche Vorschläge gemacht:

1. schnelle seitliche Nachstellschritte,

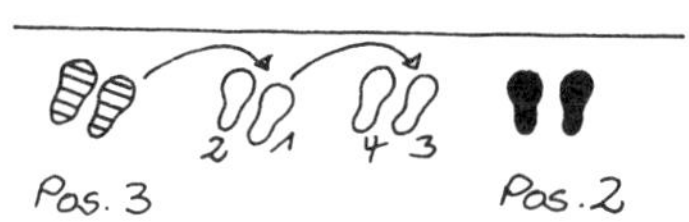

2. Kreuzschritt mit anschließendem seitlichen Stemmschritt,

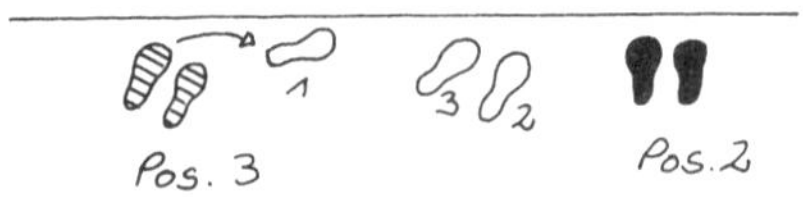

3. frontaler Anlauf mit Eindrehen zum Netz durch Aufsetzen der Füße quer zur Laufrichtung.

Die Wahl der Schrittfolge ist sicherlich von der Entfernung zum Ball und zum Außenspieler, aber auch von der geforderten Schnelligkeit der Blockhandlung abhängig. Eine wichtige Entscheidungshilfe bei der Vermittlung ist die mögliche Verletzungsgefahr im Fußbereich der beiden Blockspieler. Zu bevorzugen sind deshalb Schrittechniken, bei denen der äußere Fuß beim abschließenden Stemmschritt zuerst aufgesetzt wird (Schrittgestaltung 1. und 2.). Intensive Übung zu beiden Seiten ist unbedingt notwendig, um die Schrittfolge zu automatisieren.

Der Absprung zur Blockbildung erfolgt gleichzeitig, wobei sich der innere Spieler am äußeren orientiert (3). Wegen der Gefahr der Netzberührung erfolgt keine große Ausholbewegung mit den Armen. Diese werden rechtzeitig nach vorne vor den Körper gebracht und dann mit dem Absprung nach vorn-oben geführt (3 - 4). Der äußere Spieler blockt den Ball frontal, der innere diagonal (5).

Die Landung wird mit einem schnellen Zurücknehmen der Arme nach hinten-oben eingeleitet. Sie erfolgt in dieser Armhaltung beidbeinig mit weichem Abfedern (6). Nach dem Block wenden sich die Spieler schnell dem eigenen Spielfeld zu.

Grobform

Für die Vermittlung der Grobform sind folgende Bewegungs-

DOPPELBLOCK

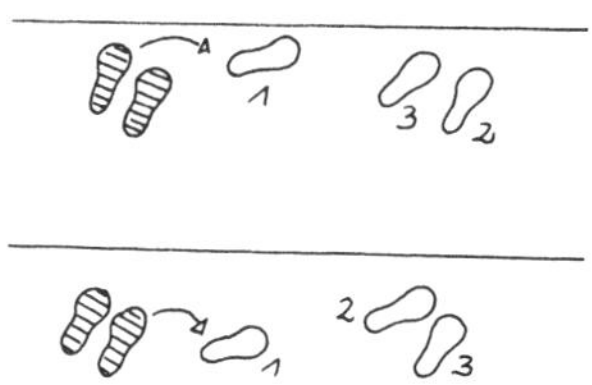

Stemmanlauf zum Außenspieler - nach Wahl

gleichzeitiger Sprung zum Ball

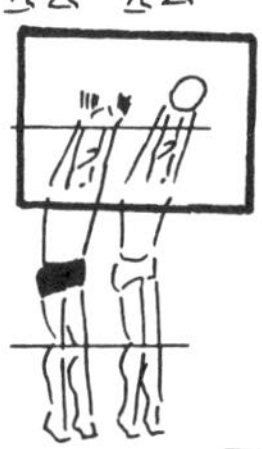

Außenspieler blockt frontal, Innenspieler diagonal

unter Zurücknahme der Arme beidbeinig, weich landen

details von Bedeutung:

- Seitbewegung des inneren Spielers zur Blockposition (Schrittgestaltung)
- gleichzeitiger Absprung mit Blockbildung nebeneinander (der Außenspieler blockt frontal, der innere diagonal)
- vier gespreizte und gespannte Hände greifen über das Netz
- Zurücknehmen der Hände nach hinten-oben nach der Blockbildung
- sichere Landung mit weichem Abfedern.

Vermittlung des Doppelblocks

Eine so schwierige Fertigkeit wie der Doppelblock kann nicht ganzheitlich vermittelt werden. Die Koordination der Teilbewegungen, die Abstimmung mit dem Partner und das Timing sind so schwierig, daß sie je für sich besonderer Beachtung bedürfen. Mit der Vermittlung des Einerblocks sind jedoch schon wichtige Erfahrungen gewonnen worden, die eine gute Basis für den Lernprozeß darstellen.

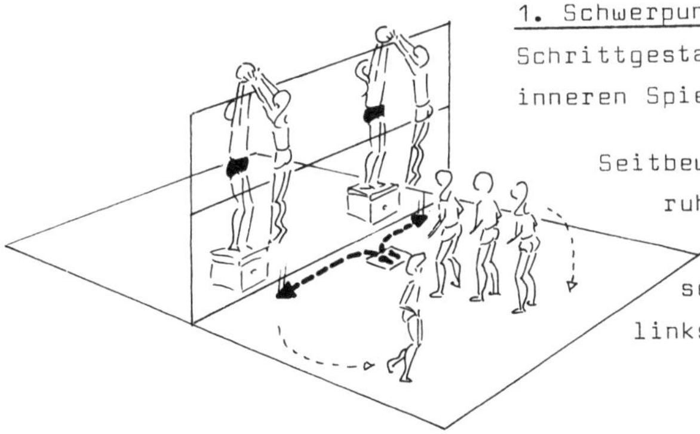

1. Schwerpunkt:
Schrittgestaltung des inneren Spielers

Seitbewegung zum ruhenden Ball im Wechsel nach links und rechts

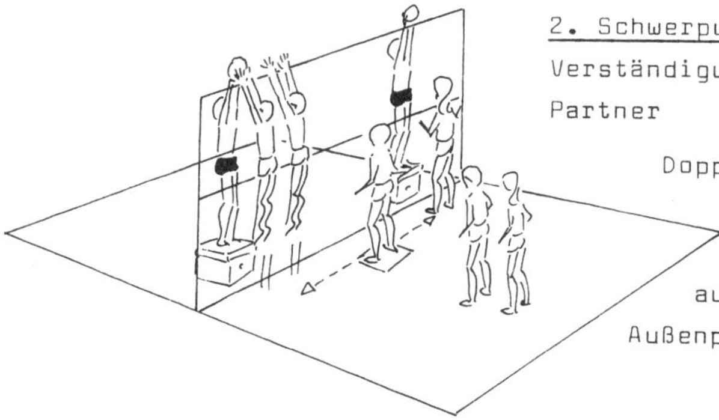

2. Schwerpunkt:
Verständigung mit dem Partner

Doppelblock am ruhenden Ball auf beiden Außenpositionen

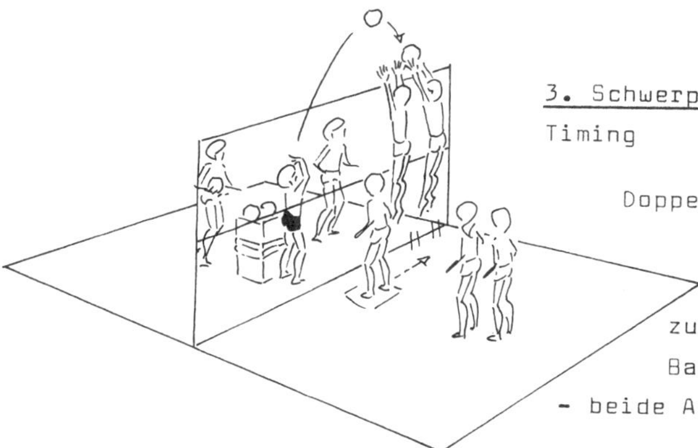

3. Schwerpunkt:
Timing

Doppelblock gegen den parallel zum Netz zugespielten Ball
- beide Außenpositionen

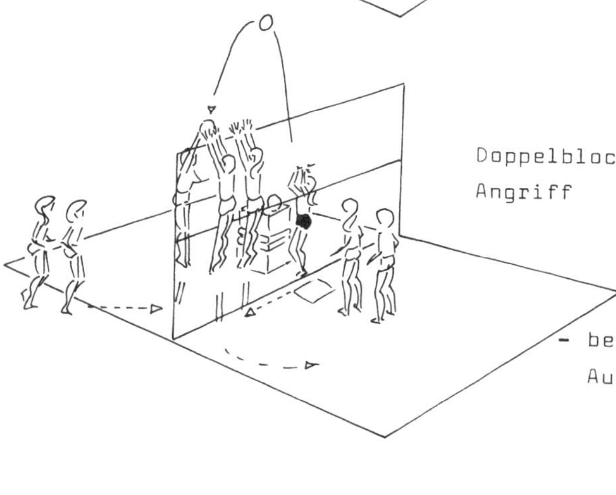

Doppelblock gegen Angriff

- beide Außenpositionen

Die Angriffsfinte

Ein guter Doppelblock, aber auch ein zu nah an das Netz gestellter Ball schmälern die Erfolgswahrscheinlichkeit des Angriffsschlages beträchtlich. Hier ist die Finte eine geeignete Variationsmöglichkeit. Was bereits beim Pritschen im Sprung erwähnt wurde, muß hier wiederholt werden: Diese Techniken sind häufig erfolgreicher als "blindes" Vertrauen auf die Schlagkraft. Die Angriffsfinte stellt für die auf einen harten Schlag eingestellte gegnerische Mannschaft ein besonderes Überraschungsmoment dar.

Gesamtbewegung

Unter Einschluß der Ausholbewegung und der Landung entspricht der Bewegungsablauf dem des Angriffsschlages. Diese Identität ist auch notwendig, wenn die Finte ihr Ziel einer Täuschung erreichen soll. Nur die Ballberührung

zeigt Abweichungen: Die Schlagbewegung wird kurz vor dem Ball abgebrochen; mit gestrecktem Arm und aktivem Handgelenkeinsatz pritscht ("drückt") der Spieler den Ball über oder neben den Block (5).

Grobform

Für die Vermittlung der Grobform sind folgende Bewegungs-

ANGRIFFSFINTE

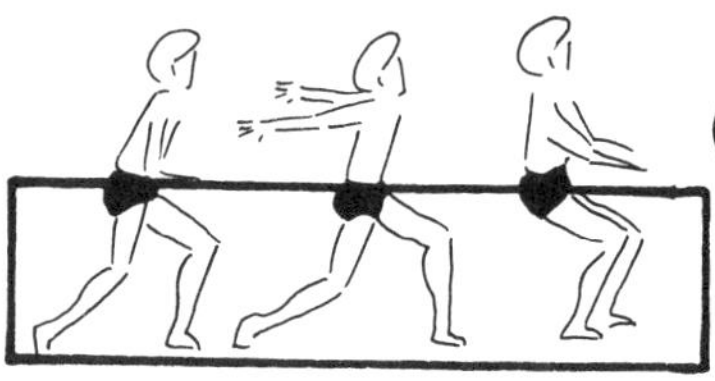

- Anlauf und Absprung wie beim Angriffsschlag

- deutlich wie zum Angriffsschlag ausholen

- Schlagbewegung abbrechen, Ball einhändig neben oder über den Block pritschen ("drücken")

- beidbeinige, weiche Landung

details von Bedeutung:

- Anlauf und Absprung wie beim Angriffsschlag
- Schlagbewegung im Ansatz abbrechen und Spielen des Balles mit gestrecktem Arm
- kurzes Wegdrücken des Balles aus gespannten Fingern mit aktivem Handgelenkeinsatz
- weiche Landung auf beiden Beinen.

Vermittlung der Angriffsfinte

Der Lehrweg kann ganzheitlich gestaltet werden, weil mit dem Angriffsschlag die notwendigen Voraussetzungen schon erarbeitet worden sind.

Rückspiel mit "Angriffsfinte" nach Doppelspiel

Rückspiel über das Netz mit Angriffsfinte

Angriffsfinte
über das Netz
auf ein Ziel

Zur weiteren Schulung der Angriffsfinte können die zahlreichen Übungsformen zum Angriffsschlag herangezogen werden.

Spielform 4: "Fünf gegen fünf mit Viererriegel"

Spielfeldgröße: 12/14 × 9m

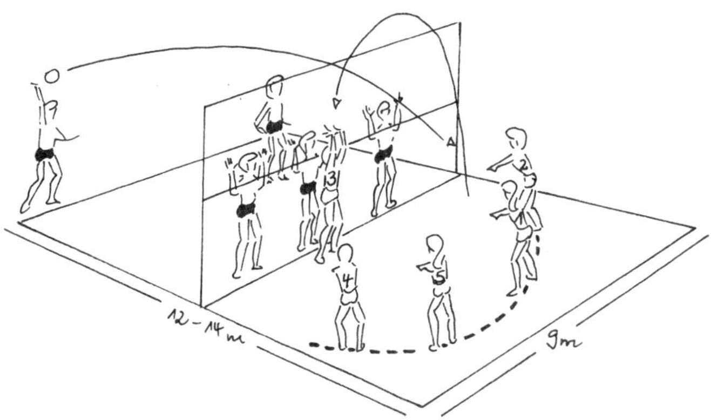

Zielvorstellung

Im Rahmen unserer Spielabfolge mit allmählich steigender Spielfeldgröße, wachsender Spielerzahl und ansteigendem

Niveau im technisch-taktischen Bereich ist das Spiel "Fünf gegen fünf" aus unserer Sicht nicht zwingend erforderlich. Die neuen Situationen Doppelblock und Angriffsfinte können auch in das Spiel "Vier gegen vier" eingebracht werden. Die Erfahrung zeigt jedoch, daß gerade die Situation Doppelblock unter Ausnutzung der gesamten Spielfeldbreite und die entsprechende Blocksicherung unter Hinzuziehung eines weiteren Spielers in dieser Formation angemessener lösbar sind. Einmal mehr ist hier der Lehrer aufgefordert, für sich und seine Lerngruppe zu entscheiden, ob er dieses Spiel in seinen Lehrgang einbezieht oder ob er es überspringt. Entscheidungshilfen können sein:

1. Das "Fünf gegen fünf" wird als weiterer Zwischenschritt der Spielreihe verstanden. Die vermehrte Spielerzahl und das vergrößerte Spielfeld stellen Anforderungen im technischen, individual-taktischen und mannschaftstaktischen Bereich, die für eine Vorbereitung des Großen Spiels als günstig und notwendig erachtet werden.
2. Das "Fünf gegen fünf" gilt erfahrungsgemäß häufig als Ersatz für das Große Spiel, wenn die Gruppenstärke keine andere Mannschaftseinteilung zuläßt. Die Kenntnis der besonderen mannschaftstaktischen Anforderungen ist Voraussetzung für ein angemessenes Spielverhalten und verdient deshalb besondere Beachtung.

Das "Fünf gegen fünf" wird mit drei Vorderspielern (Pos. 2, 3, 4) und zwei Hinterspielern (Pos. 1, 5) gespielt. Die

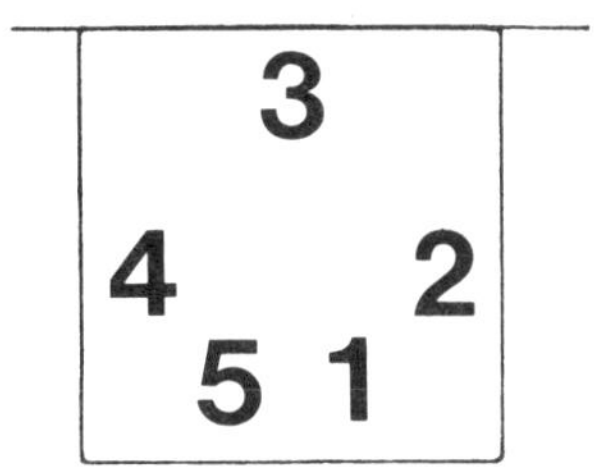

Ballannahme erfolgt im Viererriegel, der von den Spielern auf den Positionen 1, 2, 4 und 5 gebildet wird. Der Spieler

auf der Pos. 3 ist nach wie vor Anspielzentrum und für das Herausstellen des Balles zum Angriff verantwortlich.

Die erweiterten Spielfeldmaße bedeuten für jeden einzelnen Spieler einen größeren Aktionsraum, die größere Spielerzahl die vermehrte Notwendigkeit der Verständigung mit den Nebenspielern. Besonderer Schwerpunkt dieses Spiels ist das erweiterte mannschaftstaktische Verhalten bei eigenem und gegnerischem Angriff. Die Ausschnitte Angriffssicherung, Blocksicherung und Feldverteidigung bedürfen der besonderen Aufmerksamkeit.

Spielregeln

Nur die aufgebende Mannschaft kann Punkte, die annehmende Mannschaft dagegen lediglich das Aufgaberecht gewinnen. In letzterem Falle wechseln die Spieler der Mannschaft ihre Positionen im Uhrzeigersinn. Der Spieler auf der Pos. 1 führt die Aufgabe aus.

Der Ball darf von einer Mannschaft höchstens dreimal gespielt werden und von keinem Spieler zweimal nacheinander. Eine Ausnahme ist hier der Blockspieler, dem direkt nach der Blockbildung noch eine zweite Ballberührung erlaubt ist. Beide Berührungen werden wie eine gezählt.

Fehler sind:

Netzberührung ("Netz!")
- durch den Ball bei der Aufgabe
- durch einen Spieler

Ball berührt den Boden außerhalb des Spielfeldes ("Aus!")

Ball berührt den Boden innerhalb des Spielfeldes ("Im Feld!")

gehaltener Ball (fehlerhafte Ausführung von Pritschen, Baggern, Angriffsschlag oder Finte)
("Geführt!")

Eindringen in die gegnerische Spielfeldhälfte
("Übertritt!")

Eintreten ins Spielfeld bei der Aufgabe
("Übertritt!")

vier Ballberührungen
("Viermal!")

Angriff eines Hinterspielers aus dem vorderen Spielfeldbereich
("Hinterspieler!")

gleichzeitiger Fehler zweier gegnerischer Spieler ("Doppelfehler!")

Die Aufgabe wird wiederholt.

Taktische Grundregeln

Das in die Tiefe und Breite erweiterte Spielfeld mit dem für jeden Spieler erweiterten Aktionsraum stellt erhöhte Anforderungen im individual-taktischen Bereich. Die gegnerische Aufgabe kann härter geschlagen werden, die Ballwege sind länger bei größerem Streuwinkel, und auch die eigenen Zuspielwege sind länger. Das bedeutet vor allem bei der Ballannahme eine verstärkte Aufmerksamkeit auf die veränderte Aufgabenstellung.

Weitere Schwerpunkte sind die geänderten mannschaftstaktischen Verhaltensweisen bei eigenem und gegnerischem Angriff. Im Unterschied zum "Vier gegen vier" sind die Verhaltensregeln bei der Angriffssicherung und bei der Blocksicherung deutlich zu unterscheiden, weil bei einem Doppelblock gegen einen gegnerischen Angriff ein Spieler weniger für die Feldverteidigung zur Verfügung steht.

Verhalten bei eigenem Angriff. Bei eigenem Angriff von einem der Vorderspieler auf den Außenpositionen (Pos. 2 bzw. 4) wird von den anderen Spielern eine Angriffssicherung gestellt. Wir unterscheiden wieder Nah- und Fernsicherung. Die Nahsicherung wird vom Stellspieler (Pos. 3) und vom dritten Vorderspieler übernommen, d.h. auf der rechten Spielfeldhälfte von der Position 4 und auf der linken Spielfeldhälfte von der Position 2. Die Spieler nehmen ihre Plätze auf einem engen Sicherungskreis in tiefer Bereitschaftshaltung ein. Die Fernsicherung übernehmen die beiden Hinterspieler (Pos. 1 und 5) auf dem zweiten Sicherungskreis.

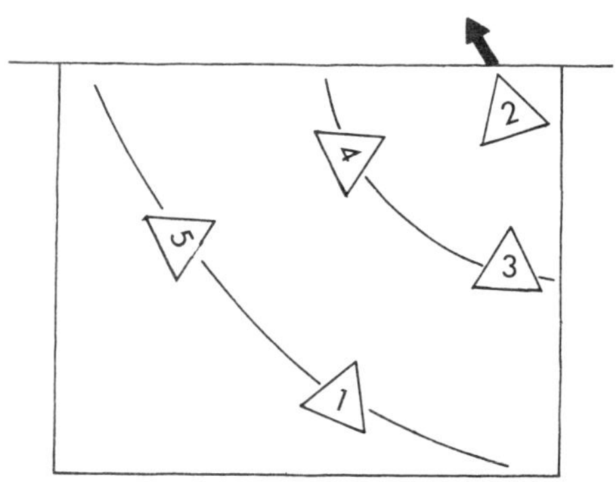

Verhalten bei gegnerischem Angriff. Bei gegnerischem Angriff wird im Normalfall ein Doppelblock gebildet, an dem der direkte Gegenspieler am Netz (Pos. 2 bzw. 4) und immer der Stellspieler (Pos. 3) beteiligt sind. Die drei anderen Spieler der abwehrenden Mannschaft übernehmen die Blocksicherung. Hinsichtlich ihrer Ausführung sind zwei Möglich-

keiten zu unterscheiden:
1. Die Nahsicherung wird allein vom dritten Vorderspieler (Pos. 2 bzw. 4) übernommen. Er rückt eng hinter den Doppelblock und nimmt eine tiefe Spielstellung ein. Die Fernsicherung übernehmen die beiden Hinterspieler (Pos. 1 und 5) auf einem zweiten Sicherungskreis.

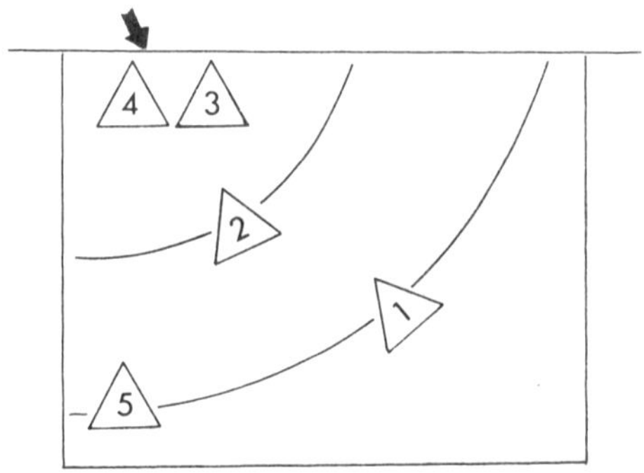

2. Die Nahsicherung wird vom dritten Vorderspieler und dem Hinterspieler auf der jeweiligen Spielfeldseite gebildet, auf der der Angriff erfolgt, d.h. auf der rechten Seite von der Position 1 und auf der linken Seite von der Position 5. Die Fernsicherung übernimmt jeweils der verbleibende Hinterspieler.

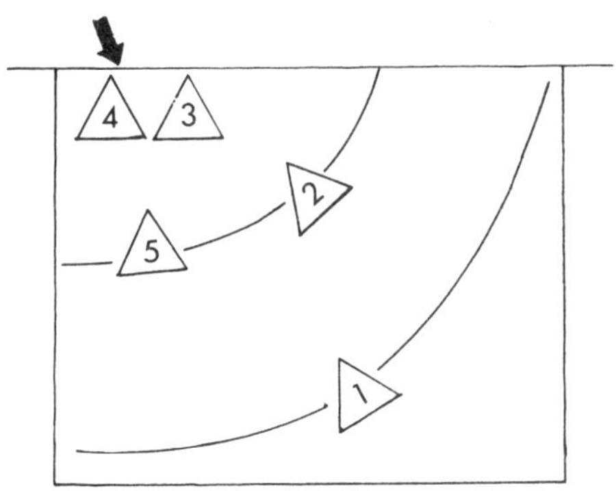

Die unterschiedlichen Aufgaben im mannschaftstaktischen Konzept verlangen ein abgestimmtes individual-taktisches Verhalten.

Für den Angreifer sind folgende Handlungsanweisungen von Bedeutung:

- Löse dich rechtzeitig vom Netz und nimm deine Anlaufposition ein!
- Schlage den Ball vor allem sicher über das Netz!
- Bälle, die zu nah ans Netz gestellt sind, im Notfall pritschen, nicht hart schlagen!
- Gegen einen guten Block ist eine Finte besser als ein harter Schlag!

Für den Blockspieler gilt:

- Halte dich nah am Netz auf, wenn der Gegner seinen Angriff aufbaut, die Hände schon vor dem Körper!
- Versuche rechtzeitig zu erkennen, von wo der Angriff erfolgt!
- Bewege dich schnell zum Ort des Angriffs!
- Verständige dich mit deinem Block-Partner!
- Nimm als Außenspieler den Ball!
- Orientiere dich bei deiner Schrittgestaltung an der Position des Außenspielers, wenn du nach außen zum Block aufrückst!
- Decke als innerer Blockspieler die Diagonale!
- Springe erst nach dem Angreifer ab!
- Orientiere dich nach dem Block sofort zum eigenen Spielfeld!

Für den (die) Sicherungsspieler gilt:

- Beobachte aufmerksam Ball, Angreifer und Block!
- Nimm schnell deine Sicherungsposition ein!
- Sichere in tiefer Bereitschaftshaltung!

SPIELFORM 4: "FÜNF GEGEN FÜNF MIT VIERERRIEGEL"

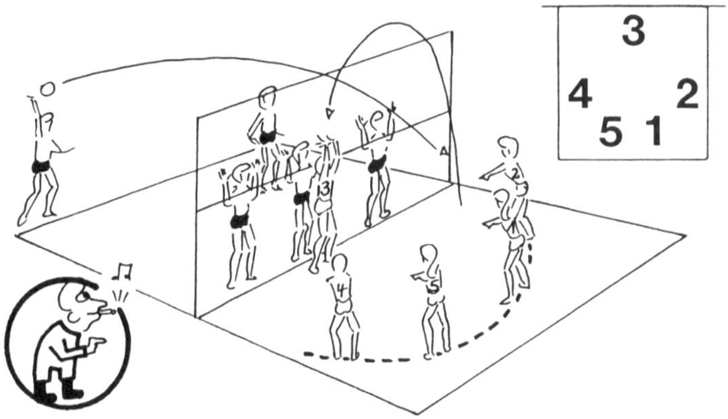

R E G E L N :

"Punkt!" oder
"Aufgabewechsel!"

"Netz!"

"Aus!"

"Im Feld!"

"Übertritt!"

"Geführt!"

"Doppelfehler!"

"Viermal!"

"Hinterspieler-
Angriff!"

SPIELFORM 4: "FÜNF GEGEN FÜNF MIT VIERERRIEGEL"

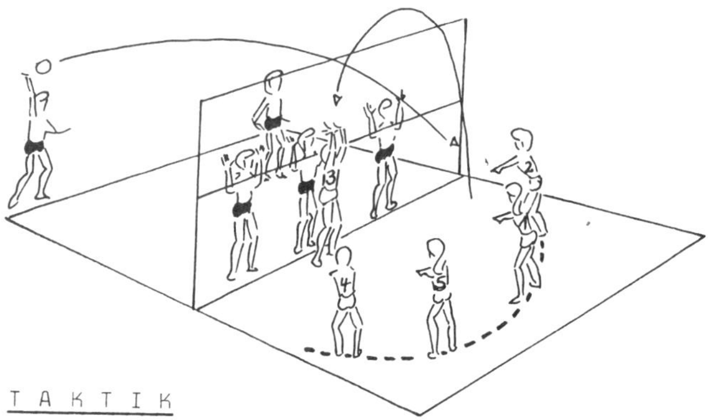

T A K T I K

Für den Angreifer:

- Weg vom Netz zum Anlauf!
- Schlag oder Finte?

Für den Blockspieler:

- Blockbereit am Netz!
- Als Mittelspieler zum Außenspieler orientieren!

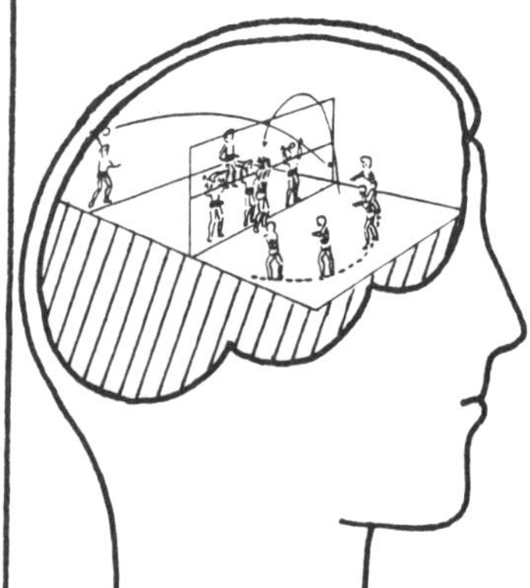

- Außenspieler blockt frontal!
- Innenspieler blockt diagonal!
- Nach dem Angreifer abspringen!

Für die Spieler in der Sicherung:

- Ball, Angreifer und Block beobachten!
- Sicherungsposition schnell einnehmen!
- In tiefer Bereitschaftshaltung sichern!
- In der Verteidigung: Nicht in den Blockschatten!
- Möglichst jeden Ball erreichen!

- In der Verteidigung: Nicht in den Blockschatten!
- Versuche möglichst jeden Ball zu erreichen!

Auf eine Analyse der Spielanforderungen wollen wir wegen der u.M. nur untergeordneten Bedeutung des Spiels verzichten. Bei anderer Einschätzung kann analog zur Analyse der Spielanforderungen beim "Vier gegen vier" verfahren werden.

Spielform 5: "Sechs gegen sechs mit Fünferriegel"

Spielfeldgröße: 14/18 × 9m

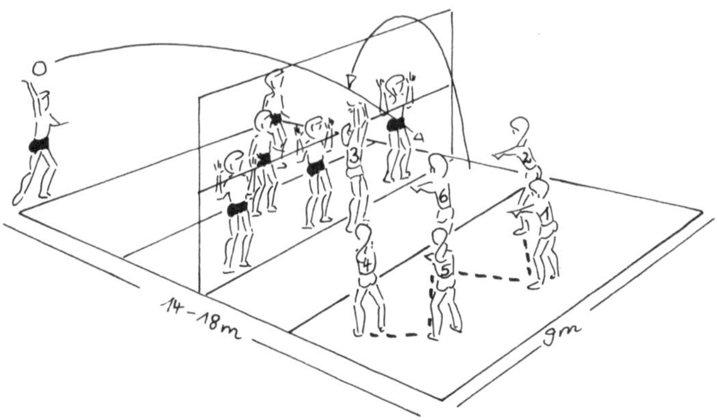

Zielvorstellung

Mit dem "Sechs gegen sechs mit Fünferriegel" ist das Zielspiel der Spielreihe erreicht, die Grundform des Großen Volleyballspiels. Da mit der Spielreihe auch das technische Vermögen allmählich erweitert wurde, stehen den Spielern die Grundformen der Techniken für dieses Spiel von Beginn an zur Verfügung. Annahmeformation ist der Fünferriegel; die Entscheidung, ob mit vor- oder zurückgezogener Pos. 6 gespielt wird, sollte der individuellen Schwerpunktlegung folgen.

Die Spielfeldmaße hängen davon ab, wieviel Hallenraum zur Verfügung steht. Da das im allgemeinen nicht mehr als eine Normalsporthalle ist, muß bei großen Ausbildungsgruppen auf zwei Querfeldern mit den Maßen 14 × 9m gespielt werden. Für kleinere Gruppen steht das genormte Volleyballfeld mit den Abmessungen 18 × 9m zur Verfügung. Zwei bis vier überzählige Spieler sollten eingewechselt werden, damit die mannschaftstaktische Grundstruktur erhalten bleibt.

Wir wollen das "Sechs gegen sechs" nicht im einzelnen behandeln; dazu liegt ausreichend gute Literatur vor, die auch für den Schulsport Hilfestellungen geben kann. Insbesondere möchten wir dabei auf DÜRRWÄCHTER (1978), PAPAGEORGIOU/SPITZLEY (1984) sowie VOIGT/NAUL (1982) verweisen.

LITERATURVERZEICHNIS

BAACKE, H.: Mini-Volleyball. Berlin 1977.

BACHMANN, E. u. M. (Red.): 1005 Spiel- und Übungsformen im Volleyball. Schorndorf 1984[3].

BRETTSCHNEIDER, W.-D.: Planung von Sportunterricht nach allgemein-didaktischen Planungskonzepten? In: Sportunterricht 29 (1980) 6, (Lehrhilfen) 91-92.

BRETTSCHNEIDER, W.-D.: Sportunterricht 5-10. München 1981.

BRETTSCHNEIDER, W.-D.: Trainieren im Sportunterricht? In: Sportunterricht 32 (1983) 5, 166-173.

BRETTSCHNEIDER, W.-D. / WESTPHAL, G. u. U.: Das Volleyballspiel. Ahrensburg 1976.

BRETTSCHNEIDER, W.-D. / WESTPHAL, G. u. U.: Sportspiel trainieren. In: Sportpädagogik 4 (1980) 1, 39-42.

BRETTSCHNEIDER, W.-D. / WESTPHAL, G. u. U.: Zur Entwicklung taktischer Handlungsfähigkeit im Volleyballunterricht der Sekundarstufen. In: Sportunterricht 29 (1980) 6, (Lehrhilfen) 92-96.

BREUER, H.-P.: Spielen wollen, aber üben müssen? In: Sportunterricht 32 (1983) 5, 174-179.

DEUTSCHER VOLLEYBALL-VERBAND (Hrsg.): Internationale Volleyball Spielregeln. Schorndorf 1985/86[24].

DIETRICH, J.: Fragen, Empfehlungen, Ratschläge zum Sportspiel-Unterricht. In: Sportpädagogik 7 (1983) 4, 14-16.

DIETRICH, K. (Hrsg.): Sportspiele. Reinbek 1985.

DIETRICH, K. : Sportspiele im Sportunterricht. In: Sportpädagogik 8 (1984) 1, 17-18.

DIETRICH, K.: Vermitteln Spielreihen Spielfähigkeit? In: Sportpädagogik 8 (1984) 1, 19-21.

DIETRICH, K. / DÜRRWÄCHTER, G. / SCHALLER, H.-J.: Die Großen Spiele. Wuppertal 1982[3].

DRAACK, E. / DÜRRWÄCHTER, G.: D-Jugendmeisterschaft 1985/86 mit einer wichtigen Regeländerung. In: Deutsche Volleyball-Zeitschrift 8 (1984) 2, (Beilage Lehre und Praxis) 21.

DÜRRWÄCHTER, G.: Volleyball spielend lernen - spielend üben. Schorndorf 1979[8].

DÜRRWÄCHTER, G.: Volleyball - spielnah trainieren. Schorndorf 1978[3].

DÜRRWÄCHTER, G.: Die internationalen Minivolleyball-Regeln. In: Deutsche Volleyball-Zeitschrift 8 (1984) 2, (Beilage Lehre und Praxis) 20.

DÜRRWÄCHTER, G.: Variationen machen Minivolleyball für jede Könnensstufe interessant. In: Deutsche Volleyball-Zeitschrift 8 (1984) 6, (Beilage Lehre und Praxis) 63-64.

DÜRRWÄCHTER, G.: Zur Einführung des Volleyballspiels in der Schule. In: Deutsche Volleyball-Zeitschrift 9 (1985) 5, (Beilage Lehre und Praxis) 49-52.

FRÜHNER, B.: Spiele für das Volleyballtraining. Berlin 1985.

FRÜHNER, B. / RADDE, K. / DÖRING, F.: Volleyball. Berlin 1982[3].

EHNI, H.: Üben. In: Sportpädagogik 9 (1985) 6, 14-25.

GÜTSCH, W. / PAPAGEORGIOU, A. / TIEGEL, G.: Mini-Volleyball. Berlin 1980.

HEINRICH, W.: Die Handlungskompetenz im Sportspiel. In: Sportunterricht 29 (1980a) 11, 417-425.

HEINRICH, W.: Das taktische Handlungskonzept "Angriffsaufbau über die Position 2" im Volleyballspiel. In: Sportunterricht 29 (1980b) 11, (Lehrhilfen) 161-168.

HEINRICH, W.: Handlungskompetenz als Spielen-können. In: Sportunterricht 31 (1982) 12, 457-464.

HERZOG, K. / VOIGT, H.-F. / WESTPHAL, G.: Volleyballtraining. Schorndorf 1985.

MEDLER, M.: Volleyball Teil 1 - Hinführung durch Kleinfeldspiele. Neumünster 1984.

MEDLER, M.: Sport und Bewegung - dargestellt am Beispiel des Volleyballspiels. In: Sportunterricht 31 (1982) 1, (Lehrhilfen) 1-12, und 3, (Lehrhilfen) 39-47.

MEDLER, M. / SCHUSTER, A.: Ball über die Schnur - ein Spiel mit vielen Möglichkeiten. In: Sportunterricht 31 (1982) 1, (Lehrhilfen) 13-16.

MEDLER, M. / SCHUSTER, A.: Kleinfeldspiele im Volleyball. In: Sportunterricht 32 (1983) 11, (Lehrhilfen) 167-170.

MEDLER, M. / SCHUSTER, A.: Volleyball - Vom Kleinfeldspiel zum Großfeldspiel. In: Sportunterricht 31 (1982) 11, (Lehrhilfen) 161-169.

PAPAGEORGIOU, A. / SPITZLEY, W.: Volleyball - vom Mini-Volleyballspieler zum Universalisten. Berlin 1984.

SACHSE, K.: 60 Stunden Volleyball für die Sekundarstufe 1. Ahrensburg 1985.

SCHMIDT, G.: Volleyball spielen können und üben müssen. In: Sportpädagogik 9 (1985) 6, 47-50.

SCHUSTER, A.: Schülerarbeitsblätter als kognitive Lernhilfen im Sportunterricht. In: Sportunterricht 27 (1978) 1, 18-23.

SONNENBICHLER, R.: Der "Midi-Volleyball" als Etappe auf dem Weg zum Großfeld. In: Deutsche Volleyball-Zeitschrift 8 (1984) 6, (Beilage Lehre und Praxis) 65-66.

VOIGT, H.: Lernhilfen für das Volleyballspielen. In: Sportpädagogik 3 (1979) 2, 47-49.

VOIGT, H. / NAUL, R.: Volleyball. Düsseldorf 1980.

WESTPHAL, G.: Untersuchungen über unterschiedliche Spielfeldgrößen im Minivolleyball. In: Deutsche Volleyball-Zeitschrift 8 (1984) 6, (Beilage Lehre und Praxis) 61-62.

WESTPHAL, G. u. U.: Volleyball als Spiel miteinander und gegeneinander. In: GÜNZEL, W. (Hrsg.): Taschenbuch des Sportunterrichts. Baltmannsweiler 1977, 336-409.